Alfred Kerr Lesebuch

Argon

Alfred Kerr

Lesebuch
zu
Leben und Werk

Herausgegeben
von
Hermann Haarmann
Klaus Siebenhaar
Thomas Wölk

Argon Verlag Berlin

Das Lesebuch zu Leben und Werk von Alfred Kerr
erscheint als Begleitbuch zu der Ausstellung
Alfred Kerr und das Berliner Theater

Ausstellung und Katalog:
Herrmann Haarmann, Klaus Siebenhaar und Thomas Wölk

Mitarbeit:
Hannelore Erlekamm, Hartmut Krebs,
Ulrich Schöninck und Felicitas Wlodyga

Eine Produktion der Arbeitsstelle für Kommunikationsgeschichte und interkulturelle Publizistik (AKIP) an der Freien Universität Berlin in Zusammenarbeit mit dem Archiv der Akademie der Künste und mit Unterstützung der Pressestiftung Tagesspiegel

Satz: Mercator Druckerei GmbH Berlin
Druck: Graphische Werkstätten Berlin GmbH
Verarbeitung: Buchbinderei Heinz Stein, Berlin

Umschlagentwurf: Dieter Winzens

ISBN 3-87024-116-0

Inhalt

Sehnsucht
(1938)

Freiheit schaffen, Freiheit leben.
Den Gesang des Seins erfühlen.
Meereswogen! Gipfelstille!
Abgeschiednen Seelen nah.
Im Bewusstsein des Verrinnens
  Kämpfer sein und Melodie.

Heimatlich im Hauch der Höhe,
Witternd im Geleucht der Wolken,
Dennoch Bürger dieses Bodens,
Menschenbildern fremd und fremd.
Tiefster Trost im Daseinsdämmer:
  Kämpfer sein und Melodie.

Freiheit schaffen, Freiheit leben.
Den Gesang des Seins erfühlen.
Meereswogen! Gipfelstille!
Abgeschiednen Seelen nah.
Im Bewusstsein des Verrinnens
  Kämpfer sein und Melodie.

Vorwort

„Eine Kritik von Kerr ist auf zwanzig Schritte Entfernung von der Kritik jedes anderen Menschen zu unterscheiden. Das macht die Packung in die bekannten kleinen Pakete Textes mit der römischen Bezifferung darauf. Lange ehe sich in der bildenden Kunst der Stil des Plakats von dem des Gemäldes frei gemacht hatte. Ein ganzes Zeitalter, bevor der Stil des Films sich aus dem der Theateraufführung löste, wurde da schon der Übergang vom kastrierten Essay, dem feierlichen Kunstaufsatz, der unter den ungünstigen Umständen der Zeitung in der Entwicklung zurückgeblieben ist, zu einer ausdrucksfähigeren und wegweiserhaft in die Augen springenden Ausdrucksweise angebahnt und vollzogen."

Was als Hommage zu des Kritikers 60. Geburtstag 1927 gedacht war, geriet Robert Musil zu einer einfühlsamen formalen und wirkungsästhetischen Analyse aus dem Geist der Zeit. Die bahnbrechende Originalität der Kerrschen Kritiken des Theaters, der Literatur und „nicht zuletzt des Lebens" werden vom Odium subjektivistischer Willkür befreit und unter dem Gesichtspunkt von Struktur und Zeichendramaturgie neu beleuchtet. Denn Musil fügte die scheinbaren Kleinigkeiten, individuellen ‚Schrullen' — die optisch-typographischen Markenzeichen seines Stils also — zu einer Ökonomie, einem „Taylor-System" moderner Schreibform zusammen, in der das Fragmentarische und Aphoristische des Inhalts im ausgeklügelten Gefüge der Satzzeichen, Strichzäsuren und Kapitelziffern ihr Organisationsschema fanden. Kurz, knapp, pointiert und in Partikel zerlegt, stellte diese Art der Kritik für den Leser ein Konzentrat in Teilleistungen dar: „jeder Teil ist in sich so rationalisiert, daß man den Griff erwischt, wenn man die Hand bloß ausstreckt. Es wird zwischen den Absätzen Druckfläche geopfert, aber der verschmälerte Raum ist von einer gesteigerten Aufnahmefähigkeit." Eigentümlich quer zum ansonsten gepflegten Bild des Impressionisten steht Musils bis heute nicht weiterverfolgter Zugang zum verzweigten Werk: Kerr als (neu-)sachlicher Kalkulator wirksam ausgenutzter geistiger „Arbeitszeiten" und „Sitzpausen" des Rezipienten? Musils Plädoyer für die Kunst des Fragments am Beispiel Kerr handelte aber eher vom Funktionswandel der Künste im Zeitalter ihrer „technischen Reproduzierbarkeit“ (Walter Benjamin), und da figurierte Kerr als Wertebewahrer und Medienereignis zugleich. „L'homme — c'est le style“ (Bernhard Diebold) — über allen Ismen und Richtungen thronte die schöpferische Persönlichkeit. Wie kaum ein anderer vor und nach ihm kultivierte Kerr den exzellierenden Virtuosen im Dienst eines künstlerischen Wahrheitsanspruchs. Wirkungssicher beherrschte er die Spielregeln der aufkommenden Kulturindustrie, und dennoch erschien er in der Pose des konservativen Mandatars - auch wenn er für das Neue kämpfte.

„Nicht jeder Kunstrichter ist Genie; aber jedes Genie ist ein geborener Kunstrichter.“ Diese Lessingsche Maxime aus dem 18. Jahrhundert durchsetzte Kerr mit ästhetischen Maßstäben der Frühromantik. Friedrich Schlegels Forderung nach der Einheit von Kunst und Kritik, in der sich kritische Poesie an seinem poetischen Gegenstand orientiert und so mit ihm eins wird, löste Kerr auf seine Weise hundert Jahre später ein. Noch „am Schmarren das Ewige“ aufzuzeigen, bedeutete zwar über den Tag hinausweisende Sinnstiftung und Überhöhung — allein Kerr war ein Kind prosaischer Zeitläufe. Die Poetisierung der Welt konnte nicht mehr sein Geschäft sein, aber Kernbereiche des Kunstwerks aus modischer Vielfalt und Fülle des Zufälligen herauszuheben, darin artikulierte sich nunmehr das Ethos des Künstlers.

Insbesondere die Theaterkritik Kerrs setzte subjektive Erinnerungsarbeit voraus. Um aus Momentaufnahmen und flüchtigen Reizen das Wesentliche zu gewinnen, bedurfte es für Kerr einer Ausstrahlung im doppelten Sinne: „Autopsie am Tatort“ (Diebold), d. h. intellektuell-sinnliche Durchleuchtung des Bühnenereignisses, sowie der Wille zur künstlerischen Wahrheit. Kerr zielte sofort ins Zentrum, griff zu ingeniösen Abkürzungen, rhythmisierte zum literarischen Stenogramm. „Sein bezwingender und gefährlicher Humor“ (Gerhart Hauptmann) verdichtete sich zum knallenden Gedankentreffer: Provokation in Raten. Nichts Referierendes haftete seinen Verrissen und Lobeshymnen an; Kerr stand und steht als Solitär am Rande der Berliner Traditionslinie Fontane, Brahm, Bab, Jacobsohn und Jhering.

Kerr wurde, wie alle echten Berliner, in Schlesien geboren. Am 25. Dezember 1867 erblickte er als Sohn des Weinhändlers Emanuel Kempner das Licht der Welt. Noch nicht zwanzigjährig, kam er nach Berlin; die „Tägliche Rundschau“ hatte seinen Artikel über Balthasar

L. Tralles, einen Breslauer Gegner Gotthold Ephraim Lessings, angenommen „mit Aufforderung zu weiterer Mitarbeit". Kerr blieb bis zur Flucht vor den Nationalsozialisten am 15. Februar 1933 in dieser Stadt, deren Feuilleton er entscheidend mitprägte und in der er zu einer Institution avancierte: Alfred Kerr, Kritiker. Geplant war eigentlich eine Universitätskarriere. Der Promotion mit einer Arbeit über Brentano bei Erich Schmidt sollte die Habilitation folgen. Otto Brahm, der befreundete Theaterleiter, riet ab und empfahl die Laufbahn eines freien Schriftstellers.

Als Schriftsteller, als Dichter hat sich Kerr zeit seines Lebens verstanden. Möglichem Einspruch gegen diese Berufsbezeichnung besonders mit Blick auf die Tätigkeit des Theaterkritikers begegnete Kerr stets mit den Worten: „Im Felde der Kritik bestand meine Reform darin: zu fordern, daß die Kritik selber ein Kunstwerk sein müsse. Nur wer selber ein Kunstwerk schaffen kann, darf über ein Kunstwerk richten. Mein Ziel (oder mein Zustand) war: der Kritiker als Künstler." Diese Auffassung ist durchaus nicht unproblematisch. Die Anverwandlung des Kritikers zum Künstler verwischt jene Grenze zwischen Bericht und ästhetischer Gestaltung, die Urteile und Wertungen bislang ermöglichte. Wenn die Bemessungsgrundlage sich dem Prinzip der distanzierten Reflexion nicht mehr verdankt, besteht die Gefahr, in bloßen Subjektvismus abzugleiten. Nun war Kerr literaturwissenschaftlich viel zu geschult, als daß er seine Meinung durch die Analyse des Gesehenen bzw. Gelesenen nicht objektiviert hätte. Dabei bleibt Kerr ein Meister atmosphärisch komprimierter Kritik, die allerdings vor Schärfe so wenig zurückschreckte wie vor sensiblen, sentimentalischen Lyrismen. Das gilt für alle Kerr-Texte. Walter Huder hat diese Eigenart einmal treffend zusammengefaßt: „Der Funkenschlag Kerrscher Wort- und Satzkaskaden, die numerierte Treppe seiner geschliffenen Kristalle von Rezensionen, Gedichten, Songs, Plaudereien und Feuilletons entstand in der mit intellektueller Wollust gesuchten und provozierten Begegnung, ja im Zusammenprall zwischen seinem Ich und der Welt, will sagen, zwischen einem individuell-kritischen Subjekt und einem gerechtermaßen ausgelieferten Objekt." Ausgeliefert fühlte sich besonders die junge Garde der Moderne in der Weimarer Republik. Arnolt Bronnen und vorzugsweise Bertolt Brecht stießen auf Ablehnung — und mit ihnen ihr Mentor Herbert Jhering. Was Jhering begrüßte, wies Kerr zurück; die Gegnerschaft war Gesetz. Aus der Erinnerung schildert Julius Hay die Premiere seines Stücks „Gott, Kaiser und Bauer" am „Deutschen Theater" im Dezember 1932: „Vor dem Beginn sah man vorne auf der einen Seite Alfred Kerr stehen, mit dem Gesicht zum Publikum. Der König der Kritiker zeigte sich seinem Volk. An der anderen Seite sammelte sich die Opposition unter der Führung von Herbert Jhering. Es war bekannt, daß diesmal Jhering für, Kerr gegen den neuen Autor schreiben würde." Die Gegensätzlichkeit zwischen Kerr und Jhering entsprang weniger persönlicher Rankünе als unterschiedlicher Begründung der Kritik. Während Kerr seinen Maßstab bewußt aus der individuellen, d. h. eigenen Kunstleistung bezog, versuchte Jhering, Objektivität im Urteil aus einer gesellschaftlich fundierten Haltung herzuleiten. Kerr gab das „monarchische Prinzip in der Kritik" (Diebold), Jhering dagegen das soziologische. Die Positionen dokumentieren gerade durch ihre Widersprüchlichkeit einen für den Epochenwandel vom 19. zum 20. Jahrhundert signifikanten Prozeß: die Durchsetzung der (Natur-)Wissenschaften in den Künsten. Nicht die eine Schule ist denn auch der anderen vorzuziehen, beide zusammen und vergleichend geben Einblick in die Geschichte des deutschen Theaters. Dessen Entwicklung hatte Kerr seit der Jahrhundertwende kritisch befördert, vor allem durch sein Engagement für den Naturalismus Gerhart Hauptmanns. Ihn begleitete Kerr als Mentor und Freund bis zu jenem Bruch, den Kerr, enttäuscht vom Schweigen dieses Dichters zum Nationalsozialismus, herbeiführte und während des Exils, auch nach 1945 beständig betonte. Der Kniefall Hauptmanns war für Kerr, eines der ersten und prominenten Opfer der faschistischen Machthaber, unverzeihlich. Eine anonyme Warnung, man werde seinen Paß einziehen, hatte Kerr zur sofortigen Flucht aus Deutschland veranlaßt. Mit Recht, denn als im Mai 1933 die Deutsche Studentenschaft das schändliche Spektakel der Bücherverbrennung inszenierte, wurde Kerrs schriftstellerisches Werk mit den Worten „Gegen dünkelhafte Verhunzung der deutschen Sprache, für Pflege des kostbarsten Gutes unseres Volkes! Ich übergebe dem Feuer die Schriften von Alfred Kerr" auf dem Berliner Opernplatz verbrannt. Der Bannstrahl sollte den streitbaren Dichter exemplarisch treffen. Daß Kerr zudem Jude war, paßte nur allzu vordergründig ins Bild faschistischer Ideologie und Propaganda. Schon in der Endphase von Weimar hatte sich Kerr nicht gescheut, auf die Bedrohung der ersten deutschen Republik durch den Nationalsozialismus hinzuweisen. Auch jetzt, im Exil, erhob er die Stimme gegen Hitler, nutzte die

Integrität seiner Persönlichkeit, um ausgleichend bei den politischen Fraktionierungen der Volksfront zu wirken, so auch als Präsident des deutschen Exil-P.E.N. Mit großer Souveränität verkörperte er das andere Deutschland, das Deutschland der Dichter und Denker.

So kann es nicht verwundern, daß Kerr als einer der ersten nach der Niederwerfung des Nationalsozialismus auf Einladung der britischen Besatzungsmacht Deutschland besuchte. Kerr, inzwischen 80 Jahre alt, flog nach Hamburg. Er ging gleich am ersten Abend ins Theater, während der Vorstellung erlitt er einen Schlaganfall, der ihn halbseitig lähmte. Am 12. Oktober 1948 beendete Kerr mit einer Überdosis Veronal sein Leben. „Ich habe das Leben sehr geliebt, aber beendet, als es zur Qual wurde", schrieb er in einem letzten Brief an seinen Sohn Michael.

Das vorliegende Lesebuch bietet Kostproben aus verschiedenen Schaffensperioden: Bekanntes, weniger Bekanntes und Unveröffentlichtes im Kontext von Leben und Werk Alfred Kerrs. Soweit möglich wurden die Originalquellen (Zeitungen, Zeitschriften, Typoskripte und Handschriften aus dem Nachlaß) herangezogen und als Textgrundlage benutzt. Lautstand, Interpunktion und Schreibweisen blieben erhalten und nur offensichtliche Druck- und Schreibfehler sind korrigiert worden. Die Datierung der Texte erfolgte im Zweifelsfalle (besonders bei Gedichten) nach der Erstausgabe. So dient diese Dokumentation in Texten und Bildern als Präludium für die überfällige Alfred Kerr-Werkausgabe und Begleitheft zur Kabinettausstellung „Alfred Kerr und das Berliner Theater". Am Ende könnte dann vielleicht Robert Musils Forderung aus den zwanziger Jahren in Erfüllung gehen: „Lest Kerr! Studiert sein Werk, das in bequemen Ausgaben gesammelt vorliegt. Setzt euch mit ihm auseinander. Setzt etwas Neues an seine Stelle, wenn ihr könnt. Ihr werdet sehen, es sind immer noch eure Angelegenheiten, die da schon im Jahre 1891 unter anderem Namen behandelt worden sind."

Berlin, im Dezember 1987

Hermann Haarmann / Klaus Siebenhaar

I. „Ich schaue zurück auf mein Leben ...“
Autobiographische Notizen

Zu Alfred Kerrs 60. Geburtstag gab Joseph Chapiro 1928 ein „Buch der Freundschaft“ heraus, für das der „Jubelmann“ einen Lebenslauf in 35 Kapiteln verfaßte. Seine „paar Erinnerungen an Vergangenes“ ganz „Wahrheit ohne Dichtung“ – stellten eine Zwischenbilanz seines Lebens und Schaffens dar, auf die er in späteren biographischen Notizen, vor allem im Exil, immer wieder zurückgriff. Breslau und Berlin bilden die geographischen Bezugspunkte; aus Kindheits-, Jugenderinnerungen, Lebensmaximen und künstlerischen Schlüsselerlebnissen (Hauptmann, Sorma, Brahm) erwächst so das Bild eines Erfolgreichen.
Ansonsten pflegte Kerr zu seinen „runden“ Geburtstagen launige Verse, auf Postkarten gedruckt, zu verschicken.

Lebenslauf
(1927)

IV.

Meine Begabung zeigte sich schon früh. Nach wenigen Stunden war ich imstande, wenn man mir etwas Entsprechendes hinhielt, die zur Existenz notwendigen Lebensmittel herauszuziehn. Erstaunte Zeugen haben bestätigt, daß ich, frühreifes Kind, bereits damals ein Lautgemisch entließ, das unter Vermeidung jedes Zusammenhangs dem Dialog Brechtscher Dramenversuche vorgriff, soweit sie nicht aus Rimbaud stammen. Auch daß ich schon damals den Dadaismus in den Grundlinien festlegte, der Überzeugung voll, daß Worte den Sinn verringern. Ich war mit zwei Monaten der Sturmvogel einer künftigen Entwicklung.

Joseph, so geht es nicht weiter. Ich höre jetzt mit dem Spaß auf — und schreibe wirklich in dieses Buch, wo Freunde zu mir sprechen, ein paar Erinnerungen an Vergangenes.

Das wird Wahrheit ohne Dichtung sein.

V.

Ich bin zu Breslau in der Weihnacht 1867, nicht lange nach zwölf Uhr, geboren, als der Sohn des Weinhändlers Emanuel Kempner, der ursprünglich Maler hatte werden wollen; den aber seine patrizischen, in dem Städtchen Wielun an der oberschlesisch-polnischen Grenze seßhaften, von der Durchschnittseinwohnerschaft bewußt abgesonderten, recht wohlhabenden Eltern für den Kaufmannsberuf nach Berlin schickten. Wo er 1848 als Lehrling die Revolution sah — und übrigens ein Gespann seines Geschäftsherrn vor der Verwendung zum Barrikadenbau rettete.

Mein Vater war dann Weinhändler; auch sein Vater war Weinhändler gewesen und staatlicher Lotterieeinnehmer. Dessen Vater war gleichfalls Weinhändler gewesen; der Ururgroßvater ebenfalls — der hatte ungarischen Wein, bevor es die Eisenbahn gab, in selbstgeführten Transporten jedes Jahr nach Deutschland gebracht; das Besteck, welches der fromme Pionier essenshalber bei sich trug, Messer und

Kerrs Geburtshaus in Breslau

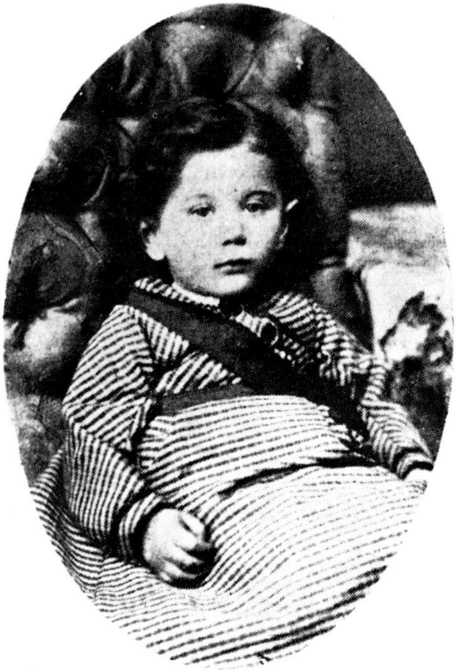

Alfred Kerr (1869)

Alfred Kerr (1881)

Alfred Kerr (um 1898)

Gabel mit reizendem Elfenbeingriff, darin rote, grüne, blaue Punktgrübchen, alles in einem widerstandsfähigen Lederbehältnis, ist heut noch in meinem Besitz.

VI.

Mein Vater war: still, zurückhaltend, kritisch; voll schweigsamer, innigster Liebe für meine Mutter und für uns; noch in Kleinigkeiten leicht ästhetisch verletzt; durchaus niemand, der „in die Welt paßt" oder flink jemandem die Hand reicht. Nie ein Kaufmann. Ja, wortkarg-vornehm und gütigen Herzens, bis er im fünfundsiebzigsten Jahr bei der Heimkehr von einem Ausgang, ohne Qual, wie vom Blitz getroffen, starb. Er hatte noch den Überzieher an — und fiel auf seine Uhr, deren Glas zertrümmert man unter ihm fand.

Von Berlin war er nach Breslau gezogen und kam dort in die Familie meines (ihm entfernt verwandten) Großvaters, Abraham M. Calé; einer vielbewunderten, allverehrten Schwerenotsgestalt, lebstark und sarkastisch — die fast sagenhaft in dem ganzen verstreuten Geschlecht forthaust, zumal seit er den Polizeipräsidenten von Breslau in reaktionären Sturmjahren verprügelt hat. Er selbst war der Sohn eines wortmächtigen, damals angesehenen Kanzelredners in dem Städtchen Schwerin an der Warthe; so daß ich von Weinhändlern und Predigern abstamme. Namentlich von Weinhändlern — welchen Zwischenberuf diese Enkelschaft meines vermutlichen Ahnherrn, des Königs David, nach fast dreitausendjährig unbequemer Wanderung vom Mittelmeer zu schlesisch-slawischen Bezirken vorübergehend ergriffen hat.

VII.

Sie lebten alle, noch bei verringertem Geldbestand, im Bewußtsein einer etwas ablehnenden, sehr empfindlichen, von der Umwelt gefühlsverschiedenen, verhinderten, mittelständig gewordenen, zur Disposition gestellten Aristokratie aus dem heiligen Land. Gesteigert wurde dies Bewußtsein durch die argwöhnend-frische Rauheit der Umschicht: vortrefflicher, doch in andrem Klima heimischer Nachbarmenschen.

Die älteren Glieder meiner Familie kamen sich unter Wilhelm I. und II. (den „Kronprinzen", Friedrich III., verehrten sie) ein bißchen wie mißkannte Flüchtlinge vor: in einer Gegend, wo keiner ihrer Art (ohne die brutale Demütigung einer stempelnden Zwangstaufe) zu irgendeinem wesentlichen Amt gelassen wurde, gleich viel wie seine Fähigkeit war.

Fast alle diese Menschen sind im Grund urmodern aus der zweitausendjährigen Konservenbüchse geklettert. Dabei sensible Naturen, die es vielleicht nicht so schroff empfanden, wenn ein Knote ganz bieder am Versöhnungstag einem Herrn mit Gebetbuch „Verpuchtes Judenaas!" nachrief; oder wenn ein Major von den „Elfern" vorn auf der Straßenbahn offen erklärte: „Wieviel schwangere Judenweiber man sieht — 's ist zum Kotzen!" Nicht das war verletzend. Sondern wenn aufgeklärte Freunde, Wohlwollende, schonend sagten: „Die jüdischen Herrschaften" — das traf. Die ewige Sonderung. Meine Eltern wollten diese Sonderung sicher nicht. Mein Vater war gegen unvornehme Juden sehr ablehnend. Und meine Mutter (bei aller heiteren Schlagfertigkeit aller Calés) hatte viel mehr Kernschlesisches in ihrer Art — die uns zwei Kinder durch lustige Wendungen so oft beseligt hat. Uns zwei: mich und meine ältere, sehr geliebte Schwester Annchen, die heut, mit weißem Haar noch immer nicht ruhig geworden, in einem schlesischen Gebirgsdorf als Sanitätsratswitwe wohnt — und die zuverlässigste Freundschaft meines ganzen Lebens geblieben ist.

Die Sonderung war unnütz. Auf dem Elisabetan, dann mit Verbindungsbrüdern auf der Universität gab es nichts von Sonderung. (Nur Unglückskameraden in der Mathematik; Saufkameraden nach dem Kolleg.)

Die Sonderung war unnütz ... Doch ich selber habe die Herkunft von diesem Fabelvolk immer als etwas Beglückendes gefühlt, so gewiß ich von seiner Sprache nichts weiß als die für mich gewaltig schönen, für mein Weltwissen heut zweifelhaften, sechs rauhen Riesenworte: „Schma Jisroel, Adonai Elohenu, Adonai echod"; „Höre Israel: der Herr, dein Gott, der Herr ist ewig".

Ja, diese dunkel-machtvollen Klänge sind für meine Welterkenntnis, wie sich von selber versteht, nicht mehr giltig. (Eli will nur die Wahrheit.) Sie haben jedoch ewige Geltung für meine Phantasie.

Schma Jisroel ...

Alfred Kerr mit seiner ersten Ehefrau Inge Thormählen (1918)

Alfred Kerr (um 1925)

Alfred Kerr (um 1910)

VIII.

Mein Urgroßvater Jakob Henschel, geb. 1795, war der vorletzte unter sechs Söhnen des Stammvaters Moritz Henschel.

Der Urgroßvater hatte mit siebzehn Jahren (1812) den ersten Sohn; wieder Moritz Henschel geheißen. Im ganzen elf Kinder.

Ein Sohn Moritz Henschels ist Sir George Henschel, der früh nach England verpflanzte große Sänger und Dirigent; ein Leben lang der Vertraute von Johannes Brahms; Liebling Edwards VII.; von der alten Viktoria geadelt. Seine schöne Schwester Hedwig wurde die Frau des sächsischen Malers und Akademieprofessors Grosse.

Unter den elf Kindern des Urgroßvaters war die Tochter Florentine besonders herrlich ausgefallen: von einer angorafeinen Art noch im Alter. Ihre schönste Enkelin (das Kind ihrer Doscha, die früh starb) hieß Manja. Polin; angebetet und verwöhnt; mit mattem, zartem Gesicht, von einem fürstlich süßen Reiz, still, elegant, dunkelblond. Der erste tiefe Zauber, der in das Leben eines kleinen Jungen drang — mit Gefühlen des Vergehens.

IX.

Jakob Henschels zweite Tochter Amalie heiratete meinen Großvater Calé. Sie war mit ihren gedrehten Seitenlocken etwas Fein-Gütiges, sang zur Gitarre („Will sich Hektor ewig von mir wenden …“) und verzog mich.

Ihr (gleichaltriger) Mann war in dauernder Geschäftsverbindung mit polnischen Gutsbesitzern. Alles dies trug sich meist an der schlesischen Grenze zu. Trotzdem ist es ungewiß, ob meine Vorväter aus Ost- oder aus Westeuropa gekommen sind — seit sie daheim sich auf Thronen gelümmelt, Psalmen geträllert oder Zehngebote verfaßt, aber auch in einem Hohen Lied (schlüpferig! ei, ei!) von Rosenhügeln geflötet hatten.

Feststeht, daß der Großvater, A. M. Calé, wenn er zur Kur in Homburg war, Briefe mit glänzend überlegenem Witz über die Komik der damaligen Zwergherrscher an seine Frau schrieb. Gelegentlich hat er eine Kur in Wiesbaden vorgeschützt — und hielt sich diese Zeit über in Paris auf. Eins von den damals mitgebrachten Portemonnaies (mit der Madeleine) ist in meinem Besitz.

X.

Das Französische hat früh bei uns eine Rolle gespielt. Meine Mama sang nicht „Will sich Hektor ...", sondern „La jolie Thérèse", was uns Kinder stets angenehm aufhorchen ließ. Bald bekamen wir Mademoiselle Marie Sibille zur Gouvernante. Nach ihr Marie Sappey. Beide waren aus Grenoble. Fräulein Marie Sibille flog, weil sie einmal erst morgens heimkam. Bei alledem bin ich sicher, daß der Einfluß von Gouvernanten förderlich auf die Keuschheit gewirkt hat — sie erlag bei mir erst im zweiundzwanzigsten Jahr. (Was ich meinem Jungen wünsche.) Der Ton dieser weiblichen Erzieher war ... nicht zimperlich, aber halt ziemlich edel. Besonders unsre frühere deutsche Gouvernante, Marianne Kromrei, wirkte veredelnd. Feinfühlig, Tochter eines verkrachten ostpreußischen Gutsbesitzers, der nach Breslau gezogen war, frisch, entzückend. (Ich haßte noch als junger Mann jeden, den ich für einen „Wüstling" hielt.)

XI.

Die Erinnerung an bunte Glasfrüchte haftet mir aus der frühesten Kinderzeit. Auch an einen Fenster-„Tritt" mit meiner Großmama, in der alten Schuhbrücke. Der Duft aus den Chemikalienfässern in diesem ersten Wohnhaus. Und salzige Tränen über einen Leierkastenmann, an dem wir dort beim Spaziergang vorbeischritten, ohne daß man ihm was gab.

(Mit sechzehn Jahren las ich den, also: sozialen Roman „Was will das werden?" von Spielhagen; verlangte seitdem, daß die Dienstmädchen mit „Fräulein" angeredet würden. Mit zwanzig las ich das damals noch verbotene Buch von Bebel „Die Frau", das mich stark beeinflußt hat. Ich fuhr 1896 zum Sozialistenkongreß nach London — wo ich mit diesem Bebel im Regents Park spazierenging und Aussprachen hatte.)

XII.

Als wir in der Schuhbrücke wohnten, besaß mein Vater in dem alt-hübschen Haus Ring Nr. 7 seine Weinhandlung. Anfang der siebziger Jahre zogen wir in den neuen Teil Breslaus, an die stolzeste Stelle, gegenüber dem Stadttheater, Schweidnitzer Straße 27. Dort hab' ich meine schönste Kindheit verbracht. Unten im selben Haus öffneten sich die nun sehr ausgedehnten Weinstuben meines Vaters. Bald die ersten der Stadt. Er führte sie mit seinem französischen Sozius Monsieur Petit. Ich erinnere mich noch, wie Marianne Brandt, die mythisch große Wagnersängerin, nach einem Mittagsmahl bei uns in die Droschke stieg und einem den Schlag öffnenden Kellnerburschen, „Fritz", statt eines Trinkgelds ihre Rose gab.

XIII.

Zur Schule war ich „auf St. Elisabeth". Sah morgens die herrlichen Firste des kostbaren Renaissance-Rathauses, den Laden vom „Käsebóhm" (mit Kulmbacher Bier) bei der Elisabethkirche, dahinter gleich das Gymnasium. Unweit, am Ring, lag die Konditorei von Manatschall, so in Ferdinand Lassalles junge Rüpelzeit hineinspielt ... Sein Grab auf dem Judenfriedhof, mit der Inschrift von Böckh, sah ich manches Mal; die Großeltern Calé waren, die Eltern wurden später dort bestattet. Auf ihrem Grabstein steht:

Welcher Wahn dem Erdengast
  Auch entdämmert und erblaßt —
Eines fühlt man in dem Treiben:
  Eltern ... bleiben.

Stillster Pol im Lebensbraus.
  Leuchten. Übers Grab hinaus.
Minne fällt und Freundschaft fällt,
  Wenn die Seelen unsrer Welt
Sich in Trug und Kampf zerreiben:
  Eltern ... bleiben.

Welcher Wahn dem Erdengast
  Auch entdämmert und erblaßt:
Eines starken Engels Hand
  Soll es überm Totenland
In die ewigen Sterne schreiben:
  Eltern ... bleiben.

XIV.

Der entscheidende Lehrer auf dem Elisabetan war für mich Hermann Zimpel. Gedrängte Kraft. Selbstzucht. Kategorischer Imperativ. Ihm verdank' ich fast alles. Er hat uns Griechisch und Deutsch gelehrt. Seinen Rhythmus nahm ich ins Leben.

Wir dummen Bengels, wir sagten in der Sexta von ihm:

Wenn die Glocke achte schlägt,
Kommt der Zimpel angefegt...

Wir dummen Bengels! Er hat von allen lebenden Menschen den stärksten Eindruck auf mich gemacht. Das steht fest. Später kam Gerhart Hauptmann, der hat den tieferen Eindruck gemacht; jedoch hat er den stärksten gemacht. Nachher in Versailles und Paris hab' ich alle Bilder und Statuen von Napoleon Bonaparte gesehn, die zu sehn sind: keine wirkte so unmittelbar und nachhaltig, wie dieser Mann einst gewirkt hat. Jugendeindrücke verwischen sich nicht. Später dacht' ich: O Gott, was mag er sagen, wenn er meine Veröffentlichungen liest? Er ist ja der Einzige, vor dem ich Angst habe. Manches war vielleicht nicht gelungen. Manches war vielleicht frech. O Gott, was mag er sagen? ...

XV.

Ich hatte früh auf dem Elisabetan den Mitschülern angekündigt, daß ich für die Schriftstellerlaufbahn meinen Vatersnamen in Kerr zusammendrängen werde. Die gesetzliche Erlaubnis gab mir 1911 der preußische Minister von Moltke. Der Name Kempner war für einen Schreibenden durch die Dichterin Friederike bloßgestellt. Sie war meine Tante nicht. Sie waaar es nichttt!!! Ich machte mir als Fünfzehnjähriger den Spaß, ihr einen komisch-hymnischen Versbrief zu schicken — worüber meine stets gut aufgelegte Mutter sehr gelacht hat. Ich bewahre noch Friederikens (ganz vernünftige) Antwort:

„Geehrter Herr!:

Ihr schönes Schreiben und poetische Zugabe erfreuten mich herzlich; und es interessiert mich sehr, daß Sie die dornenvolle Bahn des Ruhmes wählen wollen. — Glück auf!

Freilich, nach Allem was man dabei leidet, wenn man das Gute und

Schöne in der Welt verbreiten will, und trotz aller Philister, die man dabei zu bitterbösen Feinden hat (!)*) möchte man doch mit keinem Anderen tauschen, und kein Philister sein wollen.
Nochmals Dank und Gruß, und die besten Grüße an Ihre lieben Eltern und an Ihre sehr verehrte Frau Großmama, wobei ich ergebenst bemerke, daß es mich recht sehr freuen würde, Sie kennen zu lernen.

Mit nochmaligem Danke,

ergebene

Friederike Kempner."

z. Zt. Breslau,
Hotel zur goldnen Gans.
*) Die Klammer stammt von der Dichterin.

XVI.

Meine Schwester Annchen und ich hatten eine sehr glückliche Kindheit. Das Schönste war immer der Sommeraufenthalt im schlesischen Gebirge, meist in der Grafschaft Glatz. Die Erinnerung an den Wölfelsfall hat mir noch den Niagara bißl entwertet. Salzbrunn, Langenau, Kudowa, Reinerz, Landeck, Burg Fürstenstein: das alles war unsagbar herrlich.

Manchmal fuhren wir im Wagen aus der Grafschaft über die böhmische Grenze, zu den Felsen von Adersbach und Weckelsdorf, oder zum Schloß Nachod. Ich durfte kutschieren, wenn der Marell, ein Halbtscheche, mir die Zügel gab. Seligkeit irdischer Seligkeiten!

In Kudowa wohnten wir einmal den Sommer lang in einem Haus, das „Die Hoffnung" hieß. Obschon es nicht groß war, füllten seine Badegäste fast ganz die Vorstellung eines Zauberkünstlers Meißner — und ich erinnere mich eines lachenden Wortes meiner Mutter, das mir als Knäblein so gut gefiel. Mit Anlehnung an die gängigen Verse „Wenn die Hoffnung nicht wär', lebte der Meister nicht mehr", sprach sie:

Wenn die „Hoffnung" nicht wär',
Lebte der Meißner nicht mehr,

was ich entzückend fand. Meine Mutter ließ, resolut und lebensfroh, keinen Anlaß zu einem Scherz vorüber. Auch Verse schrieb sie gern aus dem Stegreif. Fünfundsiebzigjährig starb sie 1911. Sie spricht jedoch immer noch in jeder besten Stunde meines Lebens deutlich zu mir — erfrischend; unendliche Sehnsucht weckend.

XVII.

Vor meinem Auge steht als frühe Knabenerinnerung der alte rotbackige Sanitätsrat Scholz in Langenau, wie er auf der „Kurpromenade" die Damen des polnischen Landadels beriet. In einem seltsam kräftigen Schlesisch-Französisch, das mir auffiel. „Bieng, Madaam. Wui. Bong, Madaam." Polen kamen viel hierher. Nicht weitab, in Reinerz, hatte Chopin als Kind Klavier gespielt.

Polnische Hocharistokratie war uns von Breslau her vertraut. Aus Gästen meines Vaters waren sie zu seinen Freunden geworden; er beherrschte beide Sprachen gleich gut. Sie verwöhnten mich in jeder Art: Herr von Stablewski, Herr von Olszowski, der Graf Micielski, Herr von Banachowicz, auch ein deutscher Baron Werther. Der Eindruck dieser liebenswürdigen, lässigen, weltfeinen Drohnen schlug früh in meinem Kinderherzen Wurzel. Als ich mit fünfzehn Jahren die erste Wanderung an den Rhein ohne Begleitung unternahm, überschütteten sie mich mit Operngläsern und überholten Baedekern. Manche wohnten in Breslau; manche kamen stets von den Gütern in diese Großstadt. Ich behielt mein Leben lang (trotz dem Bewußtsein, daß durch sie die Welt nicht vorwärts kam), etwas für sie übrig. Sie verbreiteten ... Schönheit.

XVIII.

Zugleich war ich in diesem Alter ein fanatischer Patriot. Von der vier Wochen langen Rheinwanderung (ich ging auch durch das Lahntal zu Fuß) bewahrten die Eltern meine Briefe. Heut muß ich schmunzeln über Sätze wie: „Die Tränen waren mir nah, als ich den heiligen Strom zum erstenmal erblickte." Keine Ruine ließ ich aus. In Koblenz, von wo ich um fünf Uhr morgens weiter wollte, warf gegen ein Trinkgeld der Nachtwächter Steinchen an das Fenster des Gasthöfles vor der Stadt. (War es nicht gestern?) Ich machte diese ganze Wanderung allein. Stieg auf Hin- und Rückfahrt bei Eisenach je einmal auf die Wartburg.

Reiselust war von der Mutter vererbt. Sie wird auch für meine frühen Verse verantwortlich sein, die von dem Wirtschaftsfräulein, Anna Hoffmann, in einem Heft gesammelt wurden, bevor ich schreiben konnte.

„Ich schieße in die Luft hinaus
Auf den schönen Maulbeerstrauß (!)."

In dieser Art ... (Aber ich spreche fast, wie Mademoiselle Marie Sibille ihre Reden über sich schloß: „Voilà comme je suis!" ... Also jetzt nur Tatsachen.)

XIX.

Der Unteroffizier Drabnik brachte mir in der Oder das Schwimmen bei (indem er, beim erstenmal, mich an einer langen Leine plötzlich ins Wasser stieß und, nachdem ich hinreichend geschluckt hatte, langsam-langsam hochzog). Mein Vater hatte den Schwimmunterricht verlangt, weil ich zweijährig bei Gräbschen aus einem Biergarten ins Wasser gefallen war. Im steifen Piquékleid. Meine Mutter hörte das Gebrüll der Amme (Ernestine — später Frau eines Gerichtsvollziehers) und fiel in Ohnmacht. Ein Breslauer Arzt Dr. Schulz legte die Uhr ab, sprang nach — und empfing später die „Rettungsmedaille am Bande", die bei eigner Lebensgefahr verliehen wird. Nur den silbernen Serviettenring, den er mir zum Andenken stiftete, hat er nicht retten können — vor Versatz und Verfall in meiner Studentenzeit. Ich versetzte damals außer meinem Hintern alles.

XX.

Tatsachen! Tatsachännn! — Einmal, als die Eltern aus der Schweiz heimkamen, bestellten sie mich nach Dresden zur Belohnung. Ich war etwas über vierzehn, ging in der Dämmerung durch die Straßen — und sah plötzlich an einem Gasthof die Inschrift „Trompeterschlößchen". Das war der Titel einer mir bekannten Spukerzählung. Ich bekam eine Art Schüttelfrost. Namenloses Glück, als wir uns gegen neun Uhr in einem damals guten Hotel, „Zur Stadt Gotha", trafen, mit Badezimmer und Geborgenheit. Ich ehrte Tags darauf die Sixtinische Madonna durch ein Sonett.

XXI.

Immer noch hör' ich das schlesische Wort „Madaaamerle!", auch von Droschkenkutschern, wenn wir einstiegen, zu meiner Mutter. Sie antwortete lachend schlesisch. Immer, wenn ich nachmals im sogenannten Braus des Daseins einen Schlesier traf (und an der Sprechart sofort erkannte), floß ein heimatliches Glücksgefühl über mich. Zu jedem Kellner, zu jedem Briefträger, sogar zu jedem Schriftsteller sag' ich heute, wenn mein Ohr sich spitzt: „Sind Sie aus der Gegend von Glogau? oder um Hirschberg rum?"

XXII.

Tatsachen! Eine frühe Reise nach Prag, mit zwei jungen Vettern: Severin und Max. Herrlich. Tyssaer Wände ... in der böhmischen Schweiz. Zwischendurch Besuch beim Onkel Boleslaw in seiner Mühle (hinter Kreuzburg, dem Geburtsort Gustav Freytags) — mit der blonden, ganz adligen Base Evelina; während ihr fünfjähriges Schwesterle Franja uns in polnischer Wallung „Sauerkrautfresser" hieß und mit den Worten „Fahr szoon! fahr szoon!" zur Abfahrt einlud. Unwiederbringlich das alles. (Wenn Evelina was bekräftigen wollte, rief sie: „Jag boga kocham!" — „So wie ich Gott liebe!")

XXIII.

Ich lernte bei dem Organisten der Kreuzkirche, Professor Bohn, Klavier und Baßbezifferung. Wir wohnten gegenüber vom Stadttheater. Also: Wallenstein (Galerie). Nibelungen (unter Angelo Neumann). Meininger: Wilhelm Tell. Keine Darstellung des Don Juan als Gymnasiast versäumt; ich trank diese Musik. Beim „Einzug der Gäste auf der Wartburg" stets gekugelt. Trotzdem durch den Tannhäuser bis zum Schulschwänzen erregt. (Zwanzigjährig in Berlin nach dem ersten Tristan-Hören bin ich einfach erkrankt.) Die Patti (mit Nicolini) als „Lucia di Lammermoor". Heimlich ins Lobetheater nachmittags zur „Fledermaus" — Annchen verriet nichts.

Ich bin auf dem Elisabetan in Oberquarta zweimal hintereinander sitzengeblieben — um die Pubertätszeit. Doch eine Klasse später übersprungen. Theater hin, Theater her: es meldete sich mit stärkerer Kraft eine himmlische Frau für uns Elisabetaner ... welche die Seele halbflügger Gymnasiasten mit Träumen erfüllt hat: Oceana Renz. Nie kann eine Frau im späteren Leben so wirken wie Oceana damals, auf dem Drahtseil hingestreckt, die Zähne mit ganz schwachem Lächeln entblößend... Ein paar Jahre danach war es die Schulreiterin Loisset, die in Obertertia gewiß nicht die Erinnerung an Frau Renz schwinden ließ, doch in ihrer enganliegenden schwarzen Jersey-Taille (so nannte man diese Trikotstücke, die hinten zum Knöpfen waren) jeden von uns beschäftigte. Was ist aus ihr geworden? Weiß nicht; wie kann der Traum einer ganzen Stadt so verschollen sein? Als einmal die Patti zugleich in Breslau sang, fragte der Secundus, ein langer Bursche, der sitzengeblieben war: „Was möchtet ihr lieber: die Patti küssen oder die Loisset v....?" Alle entschieden sich für die Loisset ... (Ich schwankte.)

XXIV.

Tatsachen! ... Universität Breslau, zwei Semester. Hörte namentlich den edlen alten Nibelungenkenner Karl Weinhold (heißt nicht in den „Webern" der Kandidat so?) und lernte, bis zu sechzehn Glas Haasebier an einem Abend schlucken. (Mit „peto tempus navigandi" an den Präsiderich mit seinem Speer.) In dem kleinen Garten meiner Eltern schlief ich im Gras Räusche tagelang aus; von Annchen gepflegt. Am Morgen waren wir meist von der Kneipe noch in eine Fisch- und Räucherwarenhandlung der „Hummerei" gezogen; hatten überdies Lichtenhainer nachgesetzt. Alles das war nicht fein, aber unvergeßlich.

XXV.

Nach mehr als einem Jahrzehnt verkaufte mein Vater seine Weinhandlung (welche der Nachfolger widerlich heruntergebracht hat) und gründete mit seinem gesamten Kapital eine damals als höchst aussichtsvoll geltende Fabrik für chromolithographische Bilder. Die verkrachte ... Meine Eltern retteten aus allem nur den Besitz eines Hauses, auf das sie sich zurückzogen. Die Welt wurde plötzlich etwas düster.

XXVI.

Über einen schlesischen Arzt, Balthasar Ludewig Tralles, Breslauer Gegner Lessings, schrieb ich als mulus einen Aufsatz. Ich hatte den verschollenen Burschen auf der Stadtbibliothek, weiß nicht bei welchem Anlaß, aufgepürscht. Die demokratische Breslauer Zeitung lehnte den Beitrag ab. Die (damals parteilose) „Tägliche Rundschau" in Berlin, Redakteur Lange, später völkisch, nahm ihn. Mit Aufforderung zu weiterer Mitarbeit. Dies war mein Erstdruck. Jetzt entschieden sich die Eltern, mich nach Berlin zu lassen. (Sie wünschten einen Sohn als Professor für Geschichte und Literatur.)

XXVII.

Ich ging, noch nicht zwanzig, nach Berlin; wohne seitdem hier; zum Glück mit steter Unterbrechung durch häufige Reisen ... Seit über zwanzig Jahren im Grunewald. Ich habe genaue Tagebücher über die ersten fünf Jahre Berlin geführt. (S. Fischer will sie verlegen, drei eng vollgeschriebene dicke Bände; doch vorläufig geht und geht es halt nicht...)

Den Schlesier Gerhart Hauptmann traf ich erst hier an der Spree. Die Verbundenheit mit ihm blieb eine der großen Freuden meines Lebens. Ich habe noch seinen ersten Brief an mich (als, wegen eines von ihm zu haltenden Vortrags in der „Literarischen Gesellschaft", eine Zusammenkunft nötig war). Der Brief war sehr einfach:

Hochgeehrter Herr,

ich würde mich freuen, Sie Montag 1/2 2 in der Weinstube von Steinert und Hansen, Kurfürstendamm, nahe der Joachimsthaler Straße begrüßen zu können. Ich pflege dort zu essen, und darin allein bin ich einigermaßen regelmäßig.

Mit hochachtungsvollem Gruß

Gerhart Hauptmann.

Wide World Photos

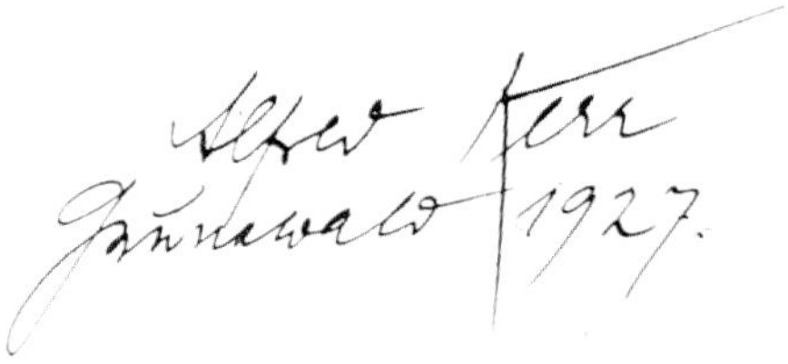

Alfred Kerr mit seinem Hund Bello in Berlin-Grunewald (1927)

XXVIII.

Hauptmann, Brahm. Die Sorma. (Ich hielt später für Brahm die Totenrede, 1912, im Lessingtheater. Für die Sorma 1927 auf dem Friedhof in Wannsee. Ich sprach für Hauptmann 1922 im Remter des Rathauses von Breslau, vor dem Reichspräsidenten, Fritz Ebert.)

Zwischendurch war ich freiwilliger Dirigent eines Gesangvereins von Beamtentöchtern; auch Töchtern von Kassenboten; im Verein mit einem evangelischen Theologen Schönstedt aus Magdeburg; und (seltsam) einem französischen Kanadier aus Montreal, Edmond Boisvert de Nevers. Sie sangen vierstimmig. („Entflieh' mit mir und sei mein Weib...")

Dann kam die Duse nach Berlin. Sie gab mir ein neues Gewissen.

XXIX.

Universität Berlin: Erich Schmidt. In Halle der Romantikerfreund Haym. Doktorschrift über Clemens Brentano — nach tausend menschlichen, sehr privaten Verwicklungen. Kaum ausdenkbar. Daneben: Ibsen; Freie Bühne; Kampf; Sinnlichkeiten; Entlarvung bestochner Musikkritiker; Reisen (1894 zum erstenmal Italien; das Meer als Gymnasiast zum erstenmal bei Kopenhagen erblickt; 1896 auf einem Schiffchen zu jenem Sozialistenkongreß nach London).

Was ich nebenbei erlebte (falls ich nicht die Literatur nebenbei erlebte), steht in dem Buch „Es sei wie es wolle..." und in dem Werk „Die Welt im Licht". (Das meiste jedoch in den vollgeschriebenen drei Bänden.)

XXX.

Mitarbeiter war ich an mehreren Blättern: Magazin für Literatur. Nation. Neue Rundschau. Breslauer Zeitung. Königsberger Allgemeine Zeitung. Frankfurter Zeitung. Tag. Berliner Tageblatt. Mitbegründer, zuletzt Besitzer des „Pan" bei zugeschusterten 17000 Goldmark.

Ich glaube, daß die Sprache meine Sendung hienieden war: zugunsten Deutschlands. (Entschuldigen!) Ich habe den bloß auf lutherisch kennengelernten Stil des Alten Testaments verpreußt. Die Grammatik befreit. Die Kastelei gemordet. Die limpidezza gehöht.

War bloß Kritik mein Gebiet? Die Sprache war es. (Obschon meine Kritik ... Genug.)

XXXI.

Joseph, ich glaube, mein Beitrag ist mir der sicherste. So gewiß ich die andren nicht einsehn darf.

Wenn in Griechenland oder Japan über einen deutschen Kritiker was geschrieben wird, und dieser Kritiker bin ich: das macht mir einen Heidenspaß. Gab es das früher? Ich habe mir aus einer in Tokio erscheinenden Zeitung was übersetzen lassen — na! Der Chinese malt jetzt nicht „Werthern und Lotten auf Glas“: immerhin kennt man heut in Korea Vertreter des kritischen Berufs; hei! das soll ein Leben werden.

XXXII.

Ich erfuhr nach dem fünfzigsten Jahr meine höchste Glückszeit. Alles dies unendlich Teure kann durch keinen erlittnen Schmerz je wettgemacht werden. Man soll das Schicksal nicht necken: aber ich habe mein Teil dahin. Falls ich morgen durch einen Dachziegel verröcheln soll. Was jetzt noch kommt: impavidum ferient ruinae.

Ich heiratete mit fünfzig Jahren Inge Thormählen. Wer sie mir war, hab' ich zu sagen versucht.

Beinahe starb ich zur gleichen Zeit an derselben spanischen Grippe. Der Arzt, den mein Freund M. M. mir kurz entschlossen auf den Hals geschickt, hat mich damals, ich war schon fast hinüber, gerettet.

Seelisch gerettet hat mich ein andrer Mensch. Ich heiratete nach anderthalb Jahren wieder. Das neue Leben hieß: Jugend und Julia. Wer bist Du für mich? Das zu sagen, auf der mit Dir durchwanderten Höhe des Lebens, bleibt fast unnütz. Noch einmal blüht die Welt im Licht. Jugend und Julia.

(Die Kinder heißen Michael und Anna Judith. In beiden ist etwas von ihrer verstorbenen Großmutter, Helene geb. Calé — und von ihrer eignen holdfrischen Mutter.)

Julia Kerr auf der Hochzeitsreise in Italien (1920)

Alfred Kerr mit den Kindern Anna Judith und Michael (um 1927)

Kerrs Wohnhaus Berlin-Grunewald, Douglasstraße 10

Berlin-Grunewald, Douglasstraße 10

Berlin-Grunewald, Douglasstraße 10

XXXIII.

Ich lebte besonders zwischen dem fünfundzwanzigsten und vierzigsten Jahr sehr gesellschaftlich. Den Tag über einsam, beschlagnahmt von Arbeit, Grübeln, Musik, Spazierengehn — und wieder von hartem Arbeiten, erbarmungslos gegen mich. Abends ging ich in Gesellschaft, wie man in eine Kneipe geht. Oft für eine Stunde. In Gesellschaften pickt man mitunter auf, was einem zusagt. Es war nie etwas Unedles. Aus meiner späten, viel ordentlicheren Lage zieht ein Dank voll herzhafter Innigkeit hierhin zurück.

Ich erschrieb, um einem bestimmten Stil-Traum nachlaufen zu können, von dieser Sachleidenschaft völlig gebannt — ich erschrieb mein Lebenseinkommen lange durch rasch diktierte Wochenschilderungen aus dem Berliner Alltag, für einige Blätter ... neben dem kritischen Hauptziel. Ich habe mein ganzes Leben lang sehr zäh für einen Traum gekämpft. Ich hatte schließlich (nach wirtschaftlich komischen Anfängen) meistens mehr flüssiges Geld, als ich verbrauchen konnte — das bei meiner Unkenntnis herumlag, bis ein Freund mir eine Bank anriet. Ich reiste vier Monate des Jahres, wohin es mich zog; in vier Erdteile. Kritzelte nur Tagebücher voll. Ich konnte die (wirtschaftlich fast zugrunde gegangenen) Eltern schon als Zwanziger mit Freude regelmäßig unterstützen. Ich besaß, fast ungewollt, ein leidliches Vermögen beim Ausbruch des Weltkriegs. Ich glaube, jetzt in Deutschland anerkannt, nicht erkannt zu sein.

... Nun ist fast alles gesagt, was auf zwanzig Seiten geht. Ein Almanach wollte neulich meine Lieblingsbeschäftigung wissen. Ich schrieb: „Seefahren. Musikmachen. Kindern Gutenachtsagen. Atmen. Sätze meistern. Und Krach."

(Dazu käme die Beschäftigung mit meinem schönsten aller irdischen Hunde: Bello-fellow, auch Bellino genannt. Eine Mischung von Eisbär, Widder, Löwe. Der gütigste Löwe dieser Welt.) [...]

Alfred Kerr (1936)

Alfred Kerr (um 1937)

Alfred Kerr (um 1940)

Alfred Kerr (1948)

Siebzig Jahre
(1937)

Im Zeitenstrom
  Tanzt ein Atom.
Hat manche Lust empfunden
  In siebzig Traumsekunden.

Bevor es in das All versank,
  Winkst du ihm zu ... Hab Dank. Hab Dank.

Achtzig
(1947)

Hab Dank. — Ich harre unbeirrt
  Auf manches, was jetzt kommen wird.
Man stirbt einen Tod; man weiß nur nicht welchen;
  Vielleicht ein schmuckes Schlaganfällchen.

II. „Aus dem Grundbuch des Kritikers“:
Prinzipien und Selbstverständnis

Das Credo des Kritikers gipfelt in dem Satz: „Fortan ist zu sagen: Dichtung zerfällt in Epik, Lyrik, Dramatik und Kritik.“ Schon im Jahr 1904 – in seiner an Robert Schumann gemahnenden „Davidsbündlerkritik“ – hatte Kerr die wesentlichen Bestandteile und Grundzüge seines Selbstverständnisses dargelegt: „Er gebe die Kritik des Hasses und der Liebe, temperiert durch historische Gerechtigkeit. Davidsbündlerkritik, die gleich dem biblischen König zwei Werkzeuge liebt: die Schleuder und die Harfe.“ Dergestalt symbolisch bewaffnet, zergliedert der Kunstrichter die Werke, verdichtet zum Essentiellen, sucht nach dem „Ewigkeitszug“, um am Ende „Lichter zu setzen“, d. h. Beispielhaftes hervorzuheben. Obwohl Kerr seinem Kritiker = Dichterideal Emotionalität, ja subjektive Willkür und Musikalität abverlangt, muß doch am Ende Sachlichkeit in der „letzten Wertung“ liegen. Denn Kerrs Wirkungsabsichten zielten über den Tag hinaus, um Kernbestände, Wesentliches aus der Fülle des Bestehenden zu bewahren. Dazu gehört aber auch die ästhetische Erziehung durch die Kritik, geschult an den großen Vorbildern der Aufklärung (Lessing) und Romantik (Friedrich Schlegel). „In der Kritik also nicht nur die Wahrheit zu sagen (welches Voraussetzung ist), sondern ein Kunstwerk in ihrer Äußerung zu gestalten, eine Schönheit zu zeugen, ein Gebilde zu bilden: nur solche Kritik ist produktiv. Denn sie ist Produktion.“ Ethos und Gestaltungskraft des Kritikers entscheiden so über das Kunstwerk vom Kunstwerk.

Einleitung zu den Gesammelten Schriften (1917)

Wahlspruch:

Dein Ausdrucksziel: das Knappere.
Der Inhalt: „Aude sapere!“

I.

Ist es Wirklichkeit? Ich sehe zurück auf mein Leben und merke, daß ich ein Kritiker war.

Ich zog aus: festzustellen, was ist; zu greifen, was lockt; zu schaffen, was bleibt.

Vorwärtskommend meine Welt vorwärtszubringen.

Wann war das? Gestern.

II.

Ein Zufall warf mich an den Strand, wo künstliche Gebildmacher hausen: Affen des sogenannten Schöpfers. Oft anziehend in ihrer Gespaßigkeit; in dem Drang, das Hiersein auf dem Boden eines Puppenstübchens nachzumachen. Nein: besser zu machen. (Was nicht schwer sein muß.)

Und indem sie mit ihren Mitteln die Schöpfung so kritisierten, hab' ich die Kritisierer kritisiert und ihre Schöpfungen.

So wird Kritik des Schöpfer-Affen zu einer Kritik des Schöpfers.

Was mancher abgestempelte „Dichter“ seinen Spielpuppen verschämt zu sprechen gab: das sprach ich lieber selbst, aller Umschweife ledig; indem ich Leute, die manchmal Dichtermenschen waren, doch sich Menschendichter glaubten, auseinandernahm; wieder zusammenschob; wandeln oder kauern hieß. Ich selber kauernd und wandelnd … hienieden.

Der Glaube war mir bei alledem eingebannt an den höchsten Flug der Kritik. Sie ist in dieser Welt das Oberste: wenn sie auch Kunst ist.

Alfred Kerr (um 1928)

III.

Was Dichtung zu geben hat, gab meine Dichtung der kritischen Kunst.

Fortan ist zu sagen: Dichtung zerfällt in Epik, Lyrik, Dramatik und Kritik.

Barden in Deutschland, Vortragsmeister haben den Sachbestand recht erfühlt, wenn sie meine Kritiken öffentlich sagten. Sie witterten hier Bekundungen eines Dichters, der kein Triebtrottel sein will, — sondern lehrt:

Entziehe dich dem Aberglauben,
  Es müsse wer im Kunstgefild
Die Seelenwachtheit runterschrauben.
  (Damit er als Instinktler gilt!)

Du sollst die Welt vom Wahn erlösen —
  Besteht sie gleich auf ihrem Schein:
Der Dichter müsse dauernd dösen
  Und unzurechnungsfähig sein.

Der wahre criticus ist ein nicht unzurechnungsfähiger Dichter.

IV.

Aus dem Grundbuch des Kritikers.

1. Erkennend eine Schönheit schaffen ... und alles ist erledigt. (Erkennend eine Schönheit schaffen ... und alles ist erledigt.)

Der Satz steht im zweiten Bande dieses Werks.

2. Im selben Bande heißt es:

Hier der Unterschied zwischen Bestrahlten und Betropften; die letzten können im geringsten nicht, was die andren können: in Schönheit nützen. Darauf kommt es an: in Schönheit nützen.

3. Mozart schrieb: „Bei uns in Deutschland ist der lange Geschmack; in der Tat ist es aber besser, kurz und gut.“ Ein Satz meiner Seele.

4. Was ist eines Kritikers Sendung? Er braucht (steht im zweiten Bande) die unwägbare Kraft, die von Vielen im Grunde gehaßt wird

— die Kraft: fortzureißen, zu singen; zu zünden; zu schweben. Er braucht Hände, Finger, Augen. Und die Macht, ein Dasein im Blitze zucken zu lassen ... als Gegenschöpfer.

5. Im dritten Bande dieses Werks heißt es:

Denn ich bin hier: eine Wirkung zu üben auf das Aussondern des Minderen, auf das Stützen des Wertvollen; jeden ernsten Versuch zu schirmen und jede reine Absicht (sofern sie gekonnt, nicht bloß gewollt ist; man ist Kunstrichter nicht Wulstrichter).

Tastende stützen; den Irrungen der Äffchen einen Damm schieben; sie herumwerfen; Ringenden helfen; Blender und Tamtamiten verspotten; einen reuigen Sünder so lieb haben wie einen Gerechten: das ist es, was ... nicht als Grundsatz vorschwebt, sondern als Praxis herauskommt.

V.

6. Der criticus tut sich nicht als Weltenrichter auf. Er haßt, was ihn wurmt. Er liebt, was ihn lockt. Und sagt es. (Er haßt, was ihn wurmt. Er liebt, was ihn lockt. Und sagt es.)

Kritik des Hasses und der Liebe, verkündet im Vorwort vor dreizehn Jahren, wird hier fortgesetzt.

7. Der criticus hält es für dumm, ein Gesetzgeber — doch für klug, ein Gesetzfinder zu sein.

VI.

8. In dem criticus lebt ein exaktester Anatom. Kein bloßer Impressionist.

(Vor dreizehn Jahren schrieb ich: „Ein Nur-Impressionist könnte sich als Kritiker begraben lassen. Impressionismus ist nicht Kritik, es gilt auch sachliche Förderungen.")

9. Ja, Kritik zergliedere sachlich Sachliches. Etwa: wie Bearbeitungen alter Stoffe zustandekommen; wie gering ihr Wert für heutige Menschen meistens ist. Bei Eulenberg, bei Hauptmann, bei Beer-Hofmann, bei Hofmannsthal zeigt sich das. Noch bei J. Bab e tutti quanti. Kritik macht klar, was über das Hineinrenken einer Lehre da Putziges zu vermerken ist. Kritik legt hier bloß, was über Geschichts-

dramen und Sagenschauspiele für immer festzuhalten bleibt. Kritik enthäutet, wenn über ein Lustspiel von Hermann Bahr gesprochen wird, ein für allemal den Kern der Anekdotendramatisierung.

Der Bogen des Odysseus von Hauptmann; Ödipus auf Kolonos; Gudrun; Lanvâl; Kaiser und Galiläer; die Kinder von Hermann Bahr: das werden im zweiten und im dritten Band Beispiele für ganze Gattungen. Kritik zeigt, wie es eine Tragik nicht gibt, — beim Betrachten des Trauerspiels vom Charolais; beim Betrachten von Hidalla. Kritik zeigt Gegnerschaft zwischen dem Intellektuellen und dem Drama (bei der „Mali" Bernsteins, im vierten Band). Kritik zeigt (bei der Betrachtung von Hauptmanns Griselda), was über das Quallige der Dramenpsychologie Dauerndes zu buchen ist. Kritik zeigt, welches Prüfmittel (die Namensänderung) beim Bearbeiten der Sage zur Hand bleibt: um den Eigenwert des vom Dichter Geschaffenen zu finden. Kritik zeigt: wie beim Drama Haftendes nur durch Gestellung von Sonderzügen durchgesetzt wird. Kritik zeigt alle Schwäche der sogenannten Kunstwissenschaft (ich nenne nur aus dem vierten Bande die Auftrennung einer Wied'schen Kleinigkeit). Kritik zeigt, was beim Beklopfen eines Unbekannten, Unbedeutenden (Petzold nennt er sich und kommt im gleichen Bande vor) über die tausend zerrinnenden Möglichkeiten beim Dramenbau zu bedenken ist. Kritik zeigt, was über die hier so genannte Just-Technik beim Abhorchen vernehmbar wird — (Strindbergs Wetterleuchten ist als fehlerhaftes Musterbeispiel zwischendurch entlarvt). Kritik zeigt an zwei Namenlosen, nennet sie meinethalben Guinon und Bouchinet, wie ein Nichts zweier Nichtigen seelische Zuschauergesetze doch ergründen läßt. Kritik zeigt letztes Auseinandernehmen des Aneinandergefügten abermals bei der Betrachtung eines Nichtigen, Bataille genannt. Kritik zeigt, wie ein verfehltes Stück besser zu machen war, mit Einzelheiten im Technischen. (Nicht nur beim „Schneider Wibbel" im vierten Band, oder bei „Henriette Jacoby" im dritten.)

Der echte Kritiker wird ein Kunstwerk allumspannen, sprengen, sein letztes Wesen vorpeitschen. Der kommende Kritiker weiß, daß es nicht zu behaupten gilt: dieses Stück ist gut; oder: dieses ist schlecht. Sondern: aus der Art des Mistes auch die Möglichkeit der Blumen zu fühlen, die auf ihm wachsen könnten; deren Wurzeln schon in ihm sind ... Nach allem darf man kaum sagen, ein Impressionist sei hier am Werk.

Alfred Kerr (um 1925)

Alfred Kerr (1930) / (Photo: Lotte Jacobi)

Alfred Kerr (um 1928) / Photo: Erich Salomon

VII.

10. Der Kritiker zeigt (gern an leichtsinnigen Hunden, die auf der Wiese des Dramas flitzen und hinter denen manchmal etwas absonderlich Zaubervolles leuchtet, leuchtender als bei den als „groß“ Bekannten) — der Kritiker zeigt am Schmarren das Ewige. Nicht nur bei Molnar oder bei Bisson. Am Schmarren das Ewige, und die Mittel, mit denen es gemacht ist.

11. Der Kritiker muß an irgendeinem Lavedan dartun können: was in einer geringgeschätzten, fast verachteten (aber nicht gekannten) Schar blutloser Schriftsteller an Ewigkeitswerten ruht. Sehn muß er, und sehn machen, was noch am letzten Kleinen (er sei aus Gallien oder sonstwoher) an Verwandtschaft mit Hebbel steckt. Und wären es Eintagsfliegen von irgend einem Capus; irgend einem Guitry.

12. Kritik umspannt Weltaspekte; Rassenentwicklung im Schauspiel; von Spaniern über Schwankfranzosen bis zu kommenden Negern.

13. Der Kritiker soll imstande sein Wirkungen zu entblättern. Aber auch: sie wiederzuzeugen.

VIII.

14. Der wahre Kritiker wird auf einer Handvoll Seiten mehr über einen Kerl sagen, als ein Buch zu geben vermag. Wahre Kritik erstrebt nie Vollständigkeit; sondern Wesentlichkeit.

15. Der Kritiker spricht von einem Stück ... und meint den ganzen Autor. Er spricht von einem Autor ... und meint sein halbes eignes Leben.

16. Meine Kritik zeigt, wie man Dichter nimmt, sie wendet, in ihre letzten Fugen fliegt, — kurz: wie man etwas, das jemand gebaut hat, von sich her abermals baut.

17. Wie soll man sich wider ein mißratenes Stück verhalten? —

Man soll ihm, nach Lage des Falls, zubilligen, was ihm ziemt. Wenn es Hoffnungen birgt, soll man sie stärken. Wenn es anspruchslos und schlecht ist, soll man es mit Lächeln abtun. Nur was anspruchsvoll kommt und schundhaft ist: dem frommt Schadenfroheit und Spott, ... wenn man zu alt nicht ist, ihn aufzubringen.

In jedem Winter sieht man hundert Dramen: um zwei herauszulesen, die vielleicht dauern könnten. Zwei? Hoffentlich: zwei. Soll man bei den achtundneunzig Nieten immer bloß ein mittelmäßiges, gleichbleibendes, ernsthaftes Gequatsch bringen? Versucht schon lieber, die blöd vergängliche Leistung der Bretter zum Anlaß einer guten und vielleicht dauernden zu machen: damit von dem Abend etwas doch herauskomme.

In Heiterkeit. Erst wenn euch die Zähne ausfallen, umhüllt euch mit Würde; mißbilligt (fremden) Kritikerwitz; erklärt als unethisch, was euch mangelt; sucht anzuschwärzen, was ihr nicht vermögt; und ersetzt das castigare durch ein Gesabber.

„Als David kam ins Alter, da sang er fromme Psalter."

18. Der Kritiker hat keine Angst als Tadler zu gelten. Jeder vernünftige Mensch ist gefaßt, daß die Mehrzahl aller Kritiken tadeln muß. Es wären sonst die mehrsten Stücke, die man spielt, lobenswürdig. Aber wie viele bleiben denn? also wie wenige sind zu rühmen!

Gesagt ist schon, daß es Unterschiede gibt innerhalb der tadelnswerten Masse. Je nach solchen Unterschieden arbeite der Kritiker. Handelt sich's um Fehler, — gut. Liegt aber ein Schwund an allem vor: was soll man da machen? Ich kann nicht jedes Stück noch einmal schreiben. Ich kann nicht Szene vor Szene nehmen und zweierlei dartun: erstens, wie sie ist; dann, wie sie sein müßte. Welche Möglichkeiten also gibt es? Man kann (ab und zu) die einfache Versicherung abgeben: caccatum non est pictum.

(Etliches von alledem steht im vierten Band.)

IX.

19. Mein Werk ist nicht Literaturbetrachtung; sondern Ganglienbetrachtung.

20. Bei allem freut sich der criticus unterirdisch an der skurrilen Poesie, nichtsahnend von Poeten verleiblicht, — er hat eine grausigputzige Menschenfreude: wenn hinter einem Stück der besessene Stümper vorguckt; wenn pfuschend ein Erdensohn wieder mottenhaft ins Dramenlicht rudert.

Mein Werk mit seinem Zergliedern ist ein Beleg: wo nicht für Hirnerkrankungen; so doch für Brägenabweichungen. Es ist eine Besserungsanstalt; oder ein Siechenheim; oder eine Anatomie, je nachdem;

die Sassen ins Letzte gestuft; in den Spalten behellt von einem Strahl, der das Hirn durchlacht, mit dem Rückenmark spielt, Geschlecht und Gemächt umglimmt, durchflitzt, zerblitzt. Es ist eine Seelenwerkstatt. Dichterhirne hängen herum. Das Ganze fordert in seiner Gliederung, in seiner Besonnung des Einzelnen, in seiner Vielfalt, in seinem Bau den Platz neben göttlich dunkelsten und göttlich klarsten Komödien Dantischer Bezirke. Von einem heutigen Augenstern gesehn.

X.

21. Ethos des Kritikers. Er sei vor allem ein Wahrheitsager. Im dritten Bande heißt es: „Man entfremdet sich noch die wenigen Freunde, die man hat: indem man genau die Eindrücke wiedergibt, so man von ihrer Werke einem empfing." Im zweiten Bande heißt es: „Kritiker ist nicht, wer alle Verpuppungen mitmacht — nur weil sie vor sich gehn. (Kritiker ist, wer verkleidetem Durchschnitt ins Gesicht haut)... Kritiker ist nicht, wer alle Versandungen mitmacht — nur weil sie vor sich gehn."

22. Höchste Namen erwirken das Recht nie, vom Sachbestand abzulocken. Vergangene Dichtungsideale werden nicht geliebkost. Nur den Dingen wird in die Pupille geglotzt. Der Kritiker ehrt keinen anerzogenen Irrtum. Nicht bei der Betrachtung des Griechenvolks. Nicht beim Shakespeare. Nicht bei Molière.

23. Der echte Kritiker hat nicht falsche Achtung vor dem Chaos; er überschätzt kein Genialisches, das verhältnismäßig leicht hergestellt wird. Den Fall beklopft im dritten Bande die Don-Juan-Kritik. Der Kritiker sträubt sich auch, in gewisse Dichtungen mit Gewalt eine Einheit zu bringen (die der Poet nicht gehabt). Er fühlt, noch bei Kleist, das Zufallsmäßige des Schaffens — in das wir ein System geheimnissen.

XI.

24. Weltgefühl des Kritikers. Er zeigt die Belanglosigkeit der Kunst. Hernach den Belang der Kunst. Dann, drittens, den Kampf der zwei Wallungen, der ewig in ihm herrscht. Auch die Sänftigung des Zwistes

Max Pallenberg, Luigi Pirandello, Alfred Kerr in Berlin (1924)

vor einem Brunnen, der rauscht. Mit einem Bewußtsein, das in Passau niedersteigt, — wenn eine Seele den Atem anhält, tastend und rastend.

25. Der falsche Kritiker zeigt, wie er Bauernstücke; der echte, wie er Bauern wertet. Ihre Verhimmelung belächelt er. Der wahre Kritiker höhnt allemal das Überschätzen der Einfalt. Einfalt erlangt jemand mit Gesinnung, er bedarf des Könnens nicht. Aber im Können steckt ja doch hienieden das größere Wunder; — beides wachse zusammen.

26. Der Kritiker sagt (im dritten Band):

Es versteht sich von selber, daß die Zukunft nicht nur des Dramas: unserer inneren Entwicklung überhaupt, niemals auf „herzlicher Einfachheit" ruhen kann. Es bedeutete die Näherung ans Einfältige. Ein Herabschrauben. Wir sind keine Kindbauern mehr. Sondern mit Augen wie Schießhunde — auch wo wir Erschütterungen durchleben.

Man mache sich nichts vor: wir sind hier, um diese Erschütterungen festzuhalten, anzupacken, zu beziffern, so zu überwinden. Nicht ihnen fromm und groß und treu und schlicht zu erliegen. Ich vermute, daß die „große Einfachheit" oft ein Akt des Willens, wo kein Können winkt, sein muß. Daß es nicht hierauf ankommen wird: die (vielen Schichten der Menschheit gemeinsamen) groben Grundzüge so recht voll Herzlichkeit mit einer großen Linie gradäugig zu zeichnen.

Sondern (bleibt sitzen) es kommt darauf an, kleinlich, knifflig, mißtrauisch, nachprüfend, bloßlegend, beklopfend ... und landgewinnend nach mühsamen Tiefseefahrten zu sein. Ein Sieger voll zehntausend Zerstuftheiten.

Keine Mißverständnisse. Der große, schlichte Zug hat eine fatale Ähnlichkeit ... mit der Gesinnung, statt mit dem Können. Etwas Inhaltsleeres. Ich will Sonderzüge, nicht Leerzüge. Der treueste Mensch (deren es viele gibt) soll zunächst ein verflucht guter Musikant sein.

Aus dem großen Können, aus dem vielgliedrig blitzenden Reichtum ergibt sich dann die Schlichtheit von selber. Dann erst! Lobsinget dem eroberten Feld gestufter Einzelheiten, des Geistreichen, des Schlagenden, des Errungenen. Es muß überleuchtet, durchwittert sein von einem lächelnd-großen Daseinsgefühl. Nur dem gestuftesten Reichtum (in, in, in der Einfachheit) gehört künftig die Welt.

Das Geblüt macht letzterdings die Schlichtheit.

Was not tut, ist also nicht ein Gefühl, das aus technischen Künsten erzeugt wird: sondern unendlich viele Züge glitzernden Einzelreichtums, hinter denen ein (nie loszulösendes) Grundgefühl steckt: ein Ich. Auf die Schlichtheit kommt es wenig an: bloß noch auf die allerreichste Schlichtheit. Darauf, daß nicht nur Einzelheiten da sind: sondern ein Kerl, der sie hat. Ecco.

XII.

27. Der criticus pflanzt seine Begriffe vom Schwindel des Siegens und Lügens hin. Das wird ihm Hauptsache — nicht ein Dramatiker hochberühmt, von dem er bei solchem Anlaß redet.

28. Spricht irgendwo mangelnde Schöpfereindringlichkeit, so beklopft er die gebildschöpferische Kraft einer denkenden Hysterie — und entrollt den von ihm errungenen Vermutungsglauben an vivisezierende Assistenten, oberhalb der Erde, denen wir als Versuchsopfer ausgesetzt sind. An Kräfte, die fälschlich Gott genannt werden, obschon sie nur Götter sind; ohne „Götter" zu sein. So Gesatztes bleibt ihm wesensvoller als die (ganz erledigten) Ausgangspunkte.

XIII.

29. Der Kritiker sieht (und verlangt) sich als einen Menschen, der, wie das Wort hier lautet — „niemals (und ob man das dümmste Stück eines schaffenden Idioten besprach) eine Zeile geschrieben, die kein Vorwand gewesen wäre für das Peitschen einer Entwicklung". (Das ist es: nie eine Zeile geschrieben, die kein Vorwand gewesen wäre für das Peitschen einer Entwicklung.) Daneben heißt es: „Beschäftigungen mit der Kunst — ja. Bis aufs Herzblut. Aber sie waren fast immer ein Vorwand für den Kampf um eine kühne vernünftigere Menschenordnung." Lest, was der dritte Band über Gorki, Andrejew, Tschechoff, Caesar, Hebbel sagt. Der vierte: über den „König" dreier vergänglichen Gallier.

30. Im vierten Bande dieses Werkes steht: „Für den Kritiker bleibt es (im letzten Grunde) beinah wurst, ob er von einem rühmenswerten oder einem schwachen Drama spricht. Das Rühmenswerte wie das Schwache sind ein Vorwand ... um zu sprechen; eine Lust los-

zuwerden; eine Lust zu zeugen; Forderungen zu stellen; an Ulk und Schmerz und Schönheit dieser Erde mitzutun."

31. Auch die Wertvollsten sind einem schaffenden Kritiker Anlässe zum Entfalten der eignen Predigt; der eignen Kunst.

32. Mein Werk ist nicht mit dem Schweiß einer Wissenschaftlichkeit kunstfern geschrieben. Sondern mit dem Blut eines Herzens. Der Zufall etlicher Dramen enthüllt ein Weltgefühl; und einen Betrachter.

XIV.

33. Manches von Dem, was meine Kritik lehrt, berührt sich, wie man mir sagte, mit Dem, was Oscar Wilde lehrt. Warum faßten wir unabhängig voneinander diese Vorstellung, daß der Kritiker ein Künstler werden muß? Warum hat sie jeder von beiden so geliebt?

Ich kam darauf durch meine Kritiken. Ich schrieb ja nicht Kritiken, die soundso sein sollten. Sondern als ich meiner Kritiken etwa zweihundert gelesen hatte, fand ich aus ihnen, daß Kritik eine Kunst sei.

Erschien zwei voneinander Getrennten bloß deshalb der gleiche Drang: weil jeder in sich den Hunger nach Schönheit fühlte; die Kraft des Wortes; das Handgelenk des Zusammenfassers? Nein ... sondern weil die Zeit erfüllet war. Weil, wie mir scheint, nach zweitausend nutzlosen Jahren der Kritik dieses Gedankens Frührot fällig wird. Darum hab' ich ihn gefaßt. Darum hat er mich gefaßt.

Längst vor dem Iren äußert Heinrich Heine denselben Gedanken: von der Kritik, die „kunstwertlicher" Art sein müsse, wenn sie nicht mit ihrer Zeit vergehen wolle. Sein Wort ist im zweiten Bande meines Werkes berührt. Der wahre criticus empfindet es von selber. Doch nicht auf das Aussprechen einer Lehre kommt es an: sondern auf ihr Durchsetzen. Dem Iren dämmerte zwar, wie mir: Kritik solle Kunst sein; doch ich hab's getan! Ich schuf diese Kritik. Die schärfste Gratkunst.

Zu Wilde sprech' ich mit Schiller: „Ich habe getan, was du — nur maltest." Und wenn ich einen Dichter zerlege wie einen Fisch, die Gräten vom Fleisch sondere, Nerven löse, Gerüstbilder schaffe, verborgenste Kanälchen lüpfe: so weiß ich, daß in diesen Handlungen allen ein Stück äußerster Menschenkunst ist; und sie war nie zuvor in der Welt.

Oscar Wilde ist bei verwandten Erkenntnissen bloß ein Mann, der in farbig ausgestatteter Gedankenflucht wählerische Haltungen mimt.

Ja, dem Wilde flog zwar derselbe Ideenstaub von der Luft seiner Läufte zu, manchmal sind unsre Lehren von der Kritik als Kunst erstaunlich nah, wie die Gesichter zweier Vettern, so einander nie erblickt. Doch mit einem stärksten Unterschied. Oscar Wilde; kennerisch; antikelnd; mythologisch; ein Feiergeck ohne Derbheit, ohne schnelles Herz; geschmückt und fühlschwach; zu posig, um Sprungwucht zu haben; zu edeltranig, um zu hassen; zu haltungsbehutsam für den Blitz; zu lässig, um Stahl zu werden; dennoch ein umgoldeter Freund und Sippling morscheren Blutes, bei früherem Nachgeben, — Wilde kommt zum Blumig-Halbwahren: nicht zur Schmiedung. Zum Schaustellen: nicht zum Erobern.

Er ist ein Mensch, der fühllos auch dem Gedanken sich nähert, nicht ihn hart und heiß umfaßt; sondern bloß wie ein Tändeltupfer, der einen Anblick bieten möchte — während er kaum überzeugt ist. Dieser Oscar gibt ... Weisungen über Kritiken. Ich gab solche, solche, solche Kritiken selber.

„Ich habe getan, was Du — nur maltest."

XV.

34. Nicht auf die Werke kommt es also an, die hier besprochen sind. Sondern auf Das, was darüber gesagt ist. Nicht Werte der Beurteilten, sondern des Beurteilers bilden den Grundbau. Nicht eine Beobachtung ist Mittelpunkt: sondern ein Wille.

35. Aus einem Gedanken macht der Stückmacher ein Stück. Der Schriftsteller einen Aufsatz. Ich einen Satz.

36. Im zweiten Bande dieses Werks heißt es: Wichtig scheint mir: den Schwachsinn der Kritiker zu fordern. Manchmal ist ihr Mangel, daß sie so viel höher stehn als abgestempelte Dichter; sich deshalb in deren Gesellschaft ein bißchen langweilen. Sie selber können sich alles viel herrlicher verschaffen: weil sie Worte prägen schöner, singender, tiefer als die sogenannten Verse der andren; weil sie Gestalten auferstehn lassen in fünfzig Zeilen, wessen die andren mit fünf Akten im geringsten nicht fähig sind ... Zu fordern ist Schwachsinn der Kritiker.

XVI.

37. Es gibt in Deutschland kein Stück so konzentrierten Schrifttums wie dieses Werk.

XVII.

38. Dichter haben keine Sprachkraft. Sprachkraft ist in der Kritik.

39. Mein Werk bietet nicht etwa „die Geschichte des Dramas in der Zeit von … bis …“ Sondern Kritiken in der Zeit vom Beginn des Verfassers bis zu seiner Akme.

40. Dies Werk ist zwar ein Werk „über“ — aber zunächst ein Werk „von“.

Die Arbeit lohnte sonst nicht: viel Geisteskraft an viel Geistesschwäche zu wenden; Sprachschmiedung an Sprachjammer; Schwebendes an Plumpheit; Schmuckloses an Vordrängertum; manche Kunst an manches Gottgeschlagensein.

41. In diesem Werke wird Kritik sichtbarer denn je als blutverbundene Schwester der andren Kunstgattungen. Emporgerauscht in himmlische Wiesen. Wo manches wie mathematisch aussieht, aber zu singen anhebt. Was einem Dreieck ähnelt, wird ein Dreiklang. Musik der Gefestigten. Musik der steigenden Überwinder. Musik des Stahls.

Das Geschmeidigste haust beim Geschmiedetsten. Hochzeit des Verstandes mit der Ahnung. Des harten Strichs mit der verröchelnden Farbe. Des Schneidenden mit dem Traum. Des Scharfen mit dem Klang. Des grausamen Umrisses mit dem Dämmer. Des Sichtens mit dem Fühlen. Des Erkennens mit dem Gleiten. Des Erzes mit der Pflanze. Der wildesten Wachheit mit dem Blutschlummer.

42. Ja, was ein Poet, ein angemeldeter und gestempelter, zeugt, bleibt schwammig. Hier ist die Kraft — und hier die Ferne. Hier des Saftes Saft … und sein festestes Gefäß.

XVIII.

43. Wenn jemand sagt: „Der Verfasser und seine hervorragenden kritischen Aufsätze“ …, den soll der Schlag treffen am schönsten Feiertag.

Lovis Corinth, Alfred Kerr, 1907

Wenn aber jemand sagt: „Der Verfasser und seine harten Dichtungen (die von den Besprochenen manchmal erreicht werden)"..., dem soll es wohl gehn; und soll sich Häuser bauen; und sein Andenken sei gesegnet.

44. Ich weiß, daß diesem Werke heut keine Beurteilung wird, die es im Kern wertet. Die Zeit ist kaum dafür. Die Freundlichsten werden sagen: „Eine reiche Fülle von trefflichen Zergliederungen zeitgenössischer Dramatiker ... " Oder: „Manche gute Beobachtung findet sich besonders in ..." Oder auch: „Die Kunst des Kritisierens ist hier seit Lessing am stärksten ausgebildet." Ich selber jedoch sage, was ich als ehrlicher Mensch im Grunde sagen muß: daß ich in die Welt Klänge gesetzt, so vorher nicht bestanden. Daß ich Möglichkeiten des Ausdrucks gab für eine schlaffere Menschheit. Daß ich auf einem bestimmten Gehölz baute, was keiner vor mir. Daß ich, die Zukunft im Geblüt, Extrakt aus Wassern geholt; Weideland aus Tang und Salz und Geblüh des Meeres mit meinen Armen.

45. Ich erwarte somit keinen Erfolg. Die Schreibart fordert viel. Außerdem: wer in Tagesblättern manches hier Stehende vormals drucken ließ, hat Anerkennung nicht zu hoffen. Das ist bloß einer von uns. Die Achtung beginnt erst bei Trotteln, die öffentlich Durchfälle haben. Bei Zurückgebliebenen des Romanmarktes. Bei Klosettfabrikanten. Bei Mimentreibern. Bei Saalbesitzern. Bei neunzigjährigen Abonnenten.

Sei ein Jahrhundertschriftsteller und arbeite ständig auch an Zeitungen, — so sagen sie nicht: ein Dauerwert ist aus unsrer Mitte gekommen; sondern: was aus unsrer Mitte gekommen ist, kann es ein Dauerwert sein?

46. Ich nannte schon den andren Grund für den bevor stehenden Nichterfolg meines Werkes. In diesen Bänden herrscht eine harte Festigung aller Teile; eine Verdichtung, daß Frist und Blut vonnöten ist, hindurchzudringen; sich über Inhalte, die scheinbar lustigleicht sind, nur einen Überblick zu schaffen. Das ganze Werk ähnelt Kathedralen, auf deren unscheinbarste Seitendächer man klimmen muß, um Durchgeführtestes, Fertigstes noch an jeder entlegenen Traufe zu finden.

Manche Spaßzupfung eines Rampenlümmels ist so eine Traufe. Bei solcher Gelegenheit wurde die Sprache vorwärtsgebracht.

47. Wenn ich Christian Schmidt hieße, würde man dies Gesamtwerk auf den Ruhm Deutschlands schlagen. Da ich so heiße, wie ich

heiße (und nicht einmal so heiße, wie ich hieß), wird es von drei Vierteln umleugnet werden. Ich erwarte kaum etwas von einer Genießerschaft, in der schriftstellerische Existenzen wie Schminkels Harden geduldet sind, so ein Seitenvollmacher mit edlem Personenklatsch; und solange man sich, neben der Welt vorwärtshämmernden Art, eine platte Schweißdrüse gefallen läßt.

48. Nicht erfolglos wird mein Werk nur bei Euch sein, denen es damals geschenkt worden ist; und wieder geschenkt wird; bei allen, die heute jung sind.

Ihr fühlet: daß hier in der unendlich langen Bahn vom urhaften Fressens- und Begattungsruf bis zum Ausdrucksbild für leiseste Denkschwingungen ... ihr fühlt, daß in der Entwicklung der Menschensprache hier ein Kilometerstein unverwechselbar leuchtet.

Es ist nicht zu widerlegen, was aus diesem Stein strahlt.

XIX.

Vor dreizehn Jahren schrieb ich zum ersten Bande das Vorwort.

Seitdem wurde die Welt in Blutwiderlichstes verstrickt, das mich ehemals geäußerte Meinungen trotzdem ... nicht nur weiter für wahr halten läßt. Sie sind vielmehr wahrer geworden.

Die Lebensdauer ihrer Wahrheit bleibt verlängert um so viel Zeit, wie notwendig ist, stinkende Nachwirkungen eines viehischen Begebnisses vergessen zu lassen; den elendesten Rückfall; den Vortrab der Spät-Entafften.

Vor dreizehn Jahren sprach ich von der Zivilisierung der Menschennatur, — diese Standpunkte sind in ihrer Gültigkeit nun verstärkt für dreizehn mal dreizehn Jahre.

XX.

Mein eignes Leben ist indes vorwärts gegangen. Solches heißt hienieden: abwärts. Es war ein Aufwärts. —

Zwischen dem ersten Band und den folgenden liegt Eingreifendes für mich. Der Tod einer Mutter. Ihr Name sei genannt: Helene, geb. Calé.

Dazwischen starrt ein Dasein an Wundern schwer, nicht immer in Deutschland verbracht; mit Ab und Auf, mit Stauungen und Glück; mit Suchen und Finden; mit Gefundenhaben und Weiterziehn.

Nie mit Enttäuschungen, immer mit Bestätigungen. (Was der Ärmste haben kann.)

Mit menschlich tausendfacher Magie. Mit Krach in Wintern, Lust in Sommern. Mit einigem Haarausfall. Mit allertiefstem Bejahen; mit leidlicher (nicht zu großer) Neugier auf das böse Ende. Mit sinnendem Flug zwischen arabischen Küsten, Drontheim, Niagara, Jerusalem, kanarischer Brandung, Schleswig-Holstein, Bayern und Schlesien.

Mit oft unwahrscheinlichem Glück.

Mit dem unwahrscheinlichsten in diesem Jahr; in diesem Sommer; da dieses Vorwort hingesetzt wird. Und wenn der Gipfel des letzten Glücks nicht in Ewigkeiten ragt, sondern Staub werden muß: so sollst Du doch, die es mir geschenkt hat, gegrüßt sein hier und bei meinem letzten Atemzug.

Nimm einen Dank für Das, was Du gabst; gib ein Verzeihen für Das, was ich nahm. Am Sirius treffen wir uns.

... Ich schaue zurück auf mein Leben. Das Ganze hat man, wie jede Einzelheit, sprechend oder stumm verbucht; hergebeugt oder weggeboxt; geküßt oder bespuckt — aber meistens geküßt.

Ja, wenn man in möglichster Wachheit und wahnlos, richtendsichtenden Mutes, zwar das Unzureichende stärker fühlt als andre Menschen: so fühlt man doch die Schönheit gleichfalls stärker; und vermag sie besser zu sagen; leidenschaftlicher und gestufter und inniger und erkenntlicher — wenn man ein Kritiker ist.

XXI.

Ich sehe zurück. Ich war ein Kritiker.

An der Nordsee, Sommer 1917

Alfred Kerr, Hamburg (1948)

Die junge Theaterkritik
(1948)

I.

Seit fünfzehn Jahren sass ich in keinem deutschen Parkettsessel.

Sondern der Mensch sitzt im Garten, hoch über der Themse, und liest eine deutsche Zeitung.

Ein Rezensent der ältlichen Art nennt hier gewisse Kritiker: „Star-Kritiker". (Er ist bestimmt keiner.) Er verdammt auch einen besonderen „Stil" — und knirscht. Er knirscht seit fünfzehn Jahren.

Kritik bleibt eine „fröhliche Wissenschaft" — (neben andrem). Der Mann quäle sich nicht so sehr. Es ist kein Makel, ein Bürovorsteher zu sein. Ganz nützliches Mitglied der menschlichen Gesellschaft.

Im übrigen steht alles, was er sagt, in der „Welt im Drama" (1917), wenn auch besser ausgedrückt.

II.

Auf die junge Theaterkritik wird zu sehr geschimpft. Ich mache das nicht mit.

Was verlangt man von euch — nach kaum drei Jahren?

Der Zufluss aus dem angelsächsischen Theater, aus der neufranzösischen Bühne ... dieser Zufluss war ein Zuwachs.

Doch er kam so plötzlich, dass ihr ein bischen überflutet wurdet.

Zeit lassen sollte man euch.

III.

Ich verstehe nicht, was heut in der Kritik so anders sein soll als in jeder früheren. Es gab immer starke Kritiker und dürftige. Dieser Unterschied stirbt nie aus.

Wer sagt denn, dass nicht morgen unter euch ein Unerwarteter aufsteht. Ein Neukommer. Ein ganz Plötzlicher. Und er wird eine Freude sein für die Guten, die Heiteren, die Erwählten. Und sie werden rufen: „Dieser ist es!" Und er wird gegrüsst sein als ein Liebling.

(Ausserdem will ich ihm eine schöne Kritik schreiben.)

IV.

Der erste Rat an euch, junge Kritiker, ist ganz allgemein: „Folgt unverschüchtert eurer Natur." Lasst reden, wer will. Vertraut allein auf euch. Nur von solchem Keim kann etwas kalben.

Der zweite Rat: mehrt eure Kenntnis der vergangenen Dramenzeit. Ich will euch Etliches zeigen, was ihr wissen müsst.

Dies betrifft eines der erschütterndsten Kapitel der deutschen Geistesgeschichte.

Der Geist spensterte, nach dem ersten Weltkrieg, in einem Hungerturm ... und heulte Dramen.

Kaum anders ausdrückbar.

V.

Ähnliches habt ihr nie erlebt. Auch heute nicht. Damals, in den zwanziger Jahren, bestand zweierlei: eine tiefe menschliche Sehnsucht — und ein elendes Dramengeschluder. Heut sind wenigstens die Dramen besser. Und dank jenem Zuwachs aus fremdem Stoff erstand für euch, trotz allem, ein Plus.

Ich denke hier an Rampenwerke, die längst versunken sind; die vielleicht dreimal gespielt wurden. Es waren herzzerreissende Schundstücke. Oft wundervoll eingespielt. Aber man denkt vor allem an die jämmerliche Wirrnis in einem Teil der Kritik. Wie sah das aus?

VI.

Erst Expressionismus (Heulstücke, Fortissimostücke, Greuelfabriken). Dann gleich das Gegenteil: die Neue Sachlichkeit. Kühle Betrachtung. Genau das Umgekehrte. Und es gab Köpfchen, die beides hintereinander mitgemacht haben. Nebenher krächzte das arme epische Drama. Dann das ... richtige Zeitstück (Piscator), die neue Parteilichkeit. Also nach der neuen Sachlichkeit. Wieder umgekehrt. Es gab Kunstkletten, die alles dreies mitgemacht haben. Jedoch mit dem Parteistück verbunden war das alleingiltige Massenstück. Und zwischendurch, weil kleine Missdramatiker unfähig in der Psychologie waren, brauchte das Drama plötzlich keine Psychologie. Die war ebenso verbannt wie das Unterhaltungstheater ... Noch was?

VII.

Das alles haben wir einmal durchgemacht. Stets hinkte hinterdrein irgend ein Begriffsschmock — der vom saftigen Theater nichts verstand. (Er schmusste vom Begriff des Theaters statt vom Theater.)

Zerblättert mal die würdevollen Worte — zum Spass.

Hier, junge Kritiker, liesse sich ein leichter Warnruf landen. Wenn ihr nicht, was ich glaube, schon darüber hinaus seid. Ihr hütet euch bereits von selber vor dem gebildeten Abrakadabra der Mittelstandskritik.

Bleibt dabei! Redet deutsch. Redet greifbar. Und meidet grundsätzlich das, was in der Volkssprache heißt: „Zimt mit Gesichtspunkte".

VIII.

Trotz Schwierigkeiten gelang es zwischendurch, ein paar Nummern auszusondern. Sagen wir: Toller (Zeugnis: „Im ganzen edel") ... Oder Brecht: „Eingetragene Hoffnung bis Fünfzig". Oder Horvath mit humoriger Fülle. Oder Neumeyer. Oder Billinger. Oder die Fleisserin. Um einige zu nennen. Sodass ich in einer allgemeinen Kampfschrift, 1932, sagen konnte: „Im deutschen Drama regt sich was und fängt an zu blühen."

Da kam Hitler.

IX.

Ganz in der Ferne marschierte noch einmal, wie zum Abschied, die grosse Garde — die Ibsen, Hauptmann, Wedekind, Schnitzler, Strindberg, Shaw, Maeterlinck, selbst Dumas Sohn oder Pirandello.

Einige davon waren Riesen ... aber man dachte nicht daran, Jüngere mit ranziger Wehmut auf die Ahnenbilder zu verweisen.

Die Losung hiess: „Erinnert euch, doch haftet nicht." „Suchet weiter." (Und seid massvoll-mild: — der Unterschied zwischen Ibsen und Zuckmayer ist nicht an Zuckmayer auszulassen.)

Alfred Kerr, Porträtzeichnungen von Dolbin (links) und Emil Orlik (rechts)

X.

In summa: die junge Kritik ist heut beachtenswert. Sie steckt ihre Ziele nicht bequem. Nicht für die Leser noch für sich. In kleinen Orten wird heut' ein Theater gespielt, das es zuvor nicht gab — und es stösst auf eine Kritik, die zuvor provinziell war.

Diese jungen Neusiedler haben sich Standpunkte gekerbt, die vielleicht vom Krieg beeinflusst sind; oder von einem langen Schweigen. Die Grundbewegung, trotz aller Zerspaltenheit, bedeutet einen fast wider Willen gemeinsamen Schubs nach vorn. Aber es sind nicht mehr die verlegenen Vokabeln (immer möglichst dreideutig abgefasst), die für das getätigte Theater nie einen Inhalt boten, noch mit irgend einer grünen Daseinsschönheit was zu tun hatten.

Ihr Jungen seht wieder kritische Möglichkeiten; denn vor euch liegt ein immerhin trächtigeres Dramenkapitel — das weltweit anregend just infolge des Weltelends werden mag. Haltet euch ran.

XI.

... Im übrigen: der Mensch im Garten murrt, weil man zu oft lesen muss: „Die Krise der Theterkritik ...“ es gibt andre Krisen.

Ein gewisses Land hat eine.

Es ist die schwerste dieses rätselhaften, glücklosen, denkwürdigen Volks.

III. „Abrechnungen“: publizistische Waffengänge in Kaiserreich und Weimarer Republik

Daß ein so kritischer und sensibler Beobachter wie Alfred Kerr seinen Zeitgenossen gegenüber auch zu extremen Urteilen neigte, scheint auf den ersten Blick verständlich. Genauer betrachtet, ergibt sich allerdings, daß jede, manchmal in Hohn und Spott umzuschlagen drohende Abrechnung mit Schriftstellern, Kollegen und Politikern sich weniger gekränkter Eitelkeit verdankte denn einem ästhetischen wie moralischen Maßstab, der keinen Abstrich an Qualität duldete. Trotzdem führte persönliche Betroffenheit bei Kerr gelegentlich zu Attacken, die den Anlaß der Fehde zu verdecken drohte. Sicher ist die berühmte Auseinandersetzung mit Karl Kraus dafür das schlagende Beispiel. Nicht immer hatten Gegnerschaften juristische Nachspiele. Hermann Sudermann, stellvertretend für eine Dramatik und Literatur der effektvollen Sentimentalität ins Visier genommen, litt darunter und beklagte die „Verrohung der Kritik“. Aber selbst Thomas Mann war vor Kerrs spitzer Feder nicht sicher; zeit seines Lebens kämpfte der Meister der kurzen, knappen Worte gegen Verschachtelung und endlose Satzketten. Kritikerkollegen, sofern er sie überhaupt wahrnahm, belegte er mit despektierlichen Attributen. Siegfried Jacobsohn und Maximilian Harden waren davon nicht ausgenommen. Lange währte die Feindschaft zu Herbert Jhering. Dieser, schon durch die neu-sachliche Handschrift seiner Theaterkritiken Gegenpart zum Impressionisten Kerr, schlug sich auf die Seite der Moderne, namentlich der eines Bertolt Brecht.

Sudermann
(1896)

I.

Eines Abends, mit zweiundzwanzig Jahren, ging ich ins Lessingtheater. Wie man als Student gelegentlich ins Theater geht. Ich sass oben und konnte von den Parketgästen nichts sehen. Es war am siebenundzwanzigsten November. Zum ersten Male spielte man das Stück eines Unbekannten. „Die Ehre". Den Namen des Verfassers hatte ich flüchtig über einem Zeitungsroman stehen sehen. Auch hatte ich zufällig eine feuilletonistische Geschichte von ihm gelesen; sie war etwas französelnd im Ton und der Gegenstand sozusagen pikant.

Ich konnte die Parketgäste nicht sehen. Aber ich hörte sie: ihre begeisterten Stimmen und ihre zusammenschlagenden Hände. Es war ein unerhörter Erfolg. Die Darstellung unterbrach man durch Beifallssalven und durch Lachsalven. Angeregter Lärm ging durch das Haus; nach jedem Akt verneigte sich der Verfasser viele Male. Das war damals die Zeit, in welcher eine neue Kunst für Deutschland schien anbrechen zu wollen. Ibsen drang vorwärts, die Freie Bühne hatte sich aufgerichtet, — eine Stiftung von historischem Belang —, Gerhart Hauptmanns erstes Drama war unter wüsten Kämpfen gespielt worden. Jetzt glaubte wohl die Mehrheit, an deren Ohr die gährende Bewegung so von ungefähr gedrungen war, einen Messias entdeckt zu haben. Mit anderem Gleichnis: sie schienen vor den Stadtthoren zu stehen und den König zu erwarten; der Erste, der daher kam und seinen Gang nachzuahmen wußte, wurde jubelnd begrüsst. Es war allerdings kein Fürst. Vielleicht nur eines Fürsten Leibfriseur; übrigens kein unebener Mann, mit mancher glänzenden Gabe bedacht. Wer wollte ihm verdenken, dass er sich die lauten Huldigungen gefallen liess; dass er sie nach dem ersten Erstaunen gar mit grossem Anstand entgegennahm. Das war so menschlich.

Ich sass verdrossen auf meinem Platze, fast wütend. Auch wenn ich absah von der Haltung der Hörer: von Akt zu Akt, bloss bei der Betrachtung dieses groben Werkes, wuchs in mir ein Gefühl, das nicht anders als eine körperliche Abneigung zu nennen ist. Seit diesem siebenundzwanzigsten November hat Sudermann fünf Dramen geschrieben, auch einen Roman und mehrere Novellen; er hat man-

„Die elf Scharfrichter". Eine Parquettreihe vornehmer, halbroher und ganz verrohter Kritiker in bunter Reihe bei einer Berliner Premiere. (Dritter von links: Alfred Kerr)

Dies ist der Siegfried
Jacobsohn,
Unser jüngster Kritiker.
In Berlin ist nächst dem
»kleinen Cohn«
Niemand so populär wie er.

Bühne und Brettl. Illustrierte Zeitschrift für Theater und Kunst, 2. Jg., 15. Dezember 1902, Nr. 23, S. 8

Kritiken dichtet Alfred Kerr,
Die oft manches Stück überleben;
Er ist eben auch ein „Schaffender"
Und bestrebt, die Kunst zu heben.

Bühne und Brettl. Illustrierte Zeitschrift für Theater und Kunst, 2. Jg., 15. Dezember 1092, Nr. 23, S. 6 nichfache Schicksale gehabt, durchgequetschte Erfolge, Misserfolge, zuletzt den ersten Achtungserfolg; aber was ich von ihm las und sah: die tiefe Abneigung drang immer durch. Sie war so lebhaft wie am ersten Tag.

Ob sie ein Daseinsrecht hat, zeigt eine Untersuchung seiner Kunst.

II.

Wesentliche Einwände lassen sich gegen diesen Dramatiker nicht machen. Ausser etwa: dass kein echtes Haar an ihm ist. Man betrachte seine Werke. Sie zeigten: falsche Interessantheit, falsche Rührung, falsche Leidenschaft und falsche Schlichtheit. Das sind aber ihre Hauptfehler; der Dichter hat so kleine Schwächen. Es wäre ganz dumm, in der farbigen Lebendigkeit dargestellter Verhältnisse ein Übel zu sehen. Konsequentes Grau mag die Leibfarbe aller Esel bleiben. Doch diese Buntheit, die mit Angst und Schweiss und Berechnung erzeugt ist, die aus der Furcht, nicht aufzufallen, entstand, und aus der Unmöglichkeit Einfach-Gutes zu leisten; die in den Konturen von fataler Dagewesenheit ist und alle Schatten schreibender Frauen verwildert und vergrößert heraufbeschwört: diese ist vielleicht vom Übel. [...]

III.

Es ist eine ganze Welt voll Unwahrheit, die Welt der Sudermannschen Gestalten. Ein fettiges Durcheinander posierender Erscheinungen. Aus der Ferne erkennt man die Schminke auf ihren Backen. Und wer gegen soviel aufdringliche Lüge eine Abneigung spürt, wird vielleicht ein Recht dazu haben. Noch ein Besonderes kommt in Betracht. Auch Wildenbruch etwa gibt unwahre Zeichnung in Fülle. Aber er thut es naiv. Es ist die glühende Tolpatschigkeit eines ahnungslos edlen Herzens. Bei Sudermann Schritt für Schritt Berechnung. Dass sein Blut nicht lau und träge schleicht, mag sein. Er besitzt sogar wahrscheinlich ein gewisses Mass von dem, was man Temperament nennt. Aber seine sozusagen starken Wirkungen erreicht er nie hiermit. Wenn sein Temperament durchgeht, das Sudermannsche „pectus", geht es immer nach der malerischen Seite:

nach der falschen Interessantheit. Nach der dramatischen nie; hier waltete keine Glut, sondern — ich will das gleich zeigen — Raffiniertheit. Es wäre der Gipfel des Unsinns, starke Kontraste in der Kunst nicht gelten zu lassen; sie lebt zum Teil davon. Aber bedenklich ist, wenn die Kontraste in jedem Einzelfall so mühsam schlau ersonnen sind wie bei Sudermann; wenn er gewerbsmässig bloss die schreiendsten, die allerberührungslosesten Gegensätze immer in Arbeit nimmt. Es wird die Empfindung der beabsichtigten Sensation wachgerufen. Außerdem zweifelt man an seiner Fähigkeit, mit den belangvolleren feinen Abtönungen des Lebens auszukommen. Wie plump und raffiniert zugleich ist das zurechtgemacht! [...]

IV.

Doch der Kniff ist ein Sudermannsches Merkmal. Sudermann ist, was man in Frankreich einen trucqueur nennt. Allerdings in deutscher Verschämtheit und mit dem Anstandsgefühl eines Mannes, der mit einem Auge nach Dichterruhm schielt. Im Laufe der Handlung wird bei ihm immer ein neuer Effekt, eine klobige Überraschung noch draufgeprotzt. Bewegung, Augenblicks-Wirkung um jeden Preis. Abschiebungen, Vorwärtsschiebungen, Trümpfe. Der Geist der Gewaltsamkeit schwebt über den Stücken. [...]

VI.

[...]

Die Seichtigkeit und die knüppeldicke Plumpheit haben Herrn Sudermann emporgetragen, die Plumpheit auch in der theatralischen Mache, die mit der ganzen Suggestionskraft der verhüllten Kolportage auf die Seelen zweiter Garnitur wirkt, und doppelt wirkt, weil diese Leute sich hier in den Wahn träumen dürfen, einen „modernen" Dichter und die „neue Richtung" mitzuehren. Ein Mitmacher wie er ist, ein Abschöpfer, ein Blender (und er scheint der größte Blender, den die deutsche Bühne seit Jahrzehnten gehabt hat) wird immer eine Zeit lang eine kompakte Majorität auf seiner Seite haben. Zurechnungsfähige Betrachter werden, bei aller Anerkennung seiner zarteren Leistungen in der Schmetterlingsschlacht und seiner deutlichen Neigung zur Vereinfachung, sagen:

Von allem, was grosse und echte Überlieferung unserer Litteratur heißt, ist er geschieden; mit allem, was Anempfindung und oberflächliche Mode heißt, ist er eng verknüpft. Von der noblen Kolportage ist er ausgegangen, bei ihr ist er im wesentlichen geblieben. Wildgewordener Frauenroman ist seine Note. Mit der neuen Zeit und Kunst hat er nichts gemein als die Zeitgenossenschaft. Er steckt bis an den Hals in bösen Mustern. Mit Gerhart Hauptmann (Scherzbolde vergleichen die Beiden) hat er nichts gemein als die letzte Silbe seines Namens. Und zu sagen, dass Hauptmann größer sei als er, wäre so lächerlich wie der Satz: Brahms ist grösser als Viktor Nessler. Es sind nicht kommensurable Grössen.

Herr Sudermann, der D... Di... Dichter
(1903)

[...]

Seit zehn Jahren ist Herr Sudermann von mir verspottet worden: als eine Talmigröße mit komischen Eigentümlichkeiten; als ein Schädling in der Kunst unseres Landes; als ein Operettengeneral; als ein Abschöpfer, der die neuen Bewegungen der Zeit mit der Marlitt verschmolz, das Wesentliche trivialisierte. Ich war nicht der Einzige, bloß der Angelegentlichste. Weil er so schrecklich viel aufgeführt wird, erschien er mir als Machtfaktor. [...]

Der Richter
(1904)

Man muß sich nochmals mit dem „kleinen Jakobsohn“ befassen, da Herr Harden in der „Zukunft“ für ihn eintritt.

Der Richter Jakobsohn brandmarkt am 23. März 1903 die „frech zusammengehamsterten Versuche“ eines Schriftstellers.

Der Richter Jakobsohn rüffelt scharf das Werk eines Poeten: „Aus einer gediegenen Belesenheit sind allerhand Brocken zusammengerafft“ ...; er gleiche, sagt er streng mit Benutzung von Goethes Wort,

Anonym, Kerr-Karikatur

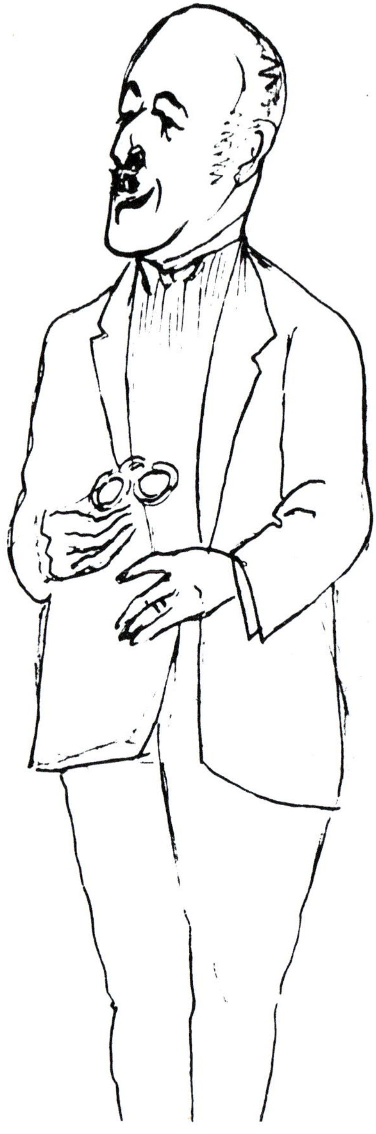

Rudolf Grossmann, Kerr-Skizze

„einer Quelle, die von zugetragenem Wasser eine Weile gesprudelt hat".

Der diebische Jakobsohn rügt den (bestohlenen) Hermann Bahr wegen der „nackten Armseligkeit" seiner Arbeit. „Bahr hat", sagt er dann, „dieses Stück Pappe im Lindauschen Theater kümmerlich aufputzen lassen... Nichts mehr davon."

Ein so hervorragender vaterländischer Moralist wie Herr M. Harden, der mit bewährter Strenge das Richteramt über Deutschlands Sitten ausübt, unterscheidet sich in der Ansicht, Herr Jakobsohn solle auch das seine behalten, von den hier Kompetenten, nämlich von der Kritik. Die Gilde der anständigen Kritiker empfindet die Gesellschaft eines Mitgliedes von der Vergangenheit des Herrn Jakobsohn durchaus nicht als einen Vorteil. Auf den — mutigen — Vergleich mit Lessing einzugehen, ist unter ihrem Ernst. Für die Gegenwart ist der Eigentumsbegriff der Gegenwart entscheidend. Sonst könnte Philippi ganze Szenen wörtlich aufschreiben und hervorheben, daß zu Shakespeares Zeiten dies üblich war. Und (vor allem) Lessing hat niemals Urteile gestohlen. —

Aber, so fragt man, was soll dieser, wahrscheinlich auch selbstbegabte junge Mensch tun? Soll er sich mit 24 Jahren aufhängen? Nein; bloß zum Richteramt über das belebende Objekt scheint er nicht mehr berufen; was seine honorigen engeren Kollegen erkannt haben. Seine Jugend ist beiläufig kein mildernder Umstand, sondern ein verschärfender: da er in diesem Alter der Begeisterung bereits rationell und systematisch gestohlen hat, wo er Begeisterung äußerte.

Dagegen scheint mir die angekündigte Beschäftigung des jungen Mannes in der „Zukunft" ein glücklicher Ausweg, namentlich wenn er sich ans Historische hält — oder allgemein-moralische Probleme erörtert.

Ich gebe folgenden Zwiegesang:

Harden und Jakobsohn (unisono):

Es ist eine Wonne und Weide, wenn Freund sich dem Freunde gesellt,
Ja so zwei, wie wir zwei beide, nichts Lieberes trennt die Welt.

Harden (solo):

Sie sind wie eine Blume, so lind, so lieb, so licht, —
Und auf dem Eigentume legten sie kein Gewicht.

Mit hochbegabten Fingern vertauschten Sie Mein und Dein,
Ich schaue Sie an, und Ehrfurcht schleicht mir ins Herz hinein.

Mir ist, als ob ich die Hände aufs Haupt Ihnen legen sollt',
Sie haben viel gestohlen bei Schlenther, bei Kerr und bei Gold.

Ich selber übte mich — wehe! — einstens in der Kritik,
Doch weil ich von Kunst nichts verstehe, leider mit wenig Glück.

Ich hasse seitdem gehörig so manchen Kritiker, Kind.
Um ihn zu ärgern, erklär' ich, daß Sie der begabteste sind.

Nun wurden Sie, kleiner Nickel, beim Klauen erwischt, Verdammt!
Vielleicht hilft ein Artikel; Mensch, blieben Sie bloß im Amt! ...

Ich schreibe: „Dies Kindchen klaut nur aus Kindlichkeit immerzu."
Dann schieb' ich Sie harmlos dem Mauthner (meinem Freunde)
in die Schuh'.

Ist die Blamage auch mißlich, so wird ihr der Stachel geraubt
Wenn nur mein Herz (gewißlich) an Ihre Reinheit glaubt.

Jakobsohn (zu Harden):

Längst kenn' ich Sie, mein Retter, als advokatorisches Licht,
Dies aber, Donnerwetter, erwartet' ich selber nicht.

Sie leugnen, als ob's Ihr Tod wär', — und wanken um keinen Strich,
Ich weiß, Sie handeln in Notwehr, und mehr für sich als für mich;

Doch freut mich's herzlich und innig, Ihre Schätzung
macht mich reich;
Der erste Kritiker bin ich? Was sag' ich Ihnen da gleich?

Hier stehn Sie — ich stehe daneben und schwöre dankbargesinnt,
Daß Sie, Herr Hardenleben, der erste Politiker sind.

Beide (zum Reigen umschlungen):

So laßt uns den Freudentanz tanzen, der Gegner Zorn ist umsunst
Wir sind die zwei deutschen Instanzen ... für Politik und für Kunst.

Caprichos
(1911)

I.

Herr Kraus (Wien) sucht fortgesetzt aus unsren Angelegenheiten Beachtung für sich herauszuschlagen. Mehrere suchten, die Schmierigkeit aus ihm herauszuschlagen. Erfolglos. Ich stellte neulich anheim, Kraus nicht mehr zu ohrfeigen. Es lag darin kein Werturteil über Unberechtigung der früheren Backpfeifen; nur über die Unberechtigung des Aufwands. Ein wandelndes Museum für Tachteln. Seit ihm zugesichert wurde, dass er ausnahmsweis jetzt keine kriegt, beunruhigt ihn die Gewohnheitsstörung: es fehlt im was.

Ohrfeigen sind aber kein Argument. Selbst dann sind sie es nicht, wenn einer so oft; von Männern wie von Frauen abwechselnd welche bekam, dass auf der Wange die Inschrift „Hier blühen Rosen" stehn kann — und die Sitzgelegenheit, gewissermassen, ein Bertillonsches Archiv geworden ist.

Selbst für kleine Verleumder sind Ohrfeigen kein Argument. Darum sollen seine Backen Ferien haben: mag ihn schon der fremde Zustand — ohne Entziehungskur — aufregen. Ecco.

(Er bekam die einleitende seiner Ohrfeigen, als er Privatsachen, die reine Privatsachen waren, ohne jedes Recht besabberte.)

II.

Dem kleinen Kraus (welcher kein Polemiker ist, sondern eine Klette) soll im übrigen gelassen werden was er nicht hat. Blieb ihm die Gabe des Schreibens auch verwehrt (caccatum non est dictum), so weiss er doch, Reportermeldungen auf der fünften Seite des Wochenblatts für Leitomischl und Umgegend mit vernichtender Schärfe zu beleuchten.

Er hat sich aber, infolge des Hinweises auf seine tatsächlich vorhandene Dummheit, zur Niederschrift von Afforismen bewegen lassen (weniger einem Drange des Intellekts folgend, als um die Abwesenheit seines Intellektmangels darzutun), — Kitsch, mit der Hand gefertigt, dessen Arglosigkeit sich in mechanischer Umdrehung äussert, in

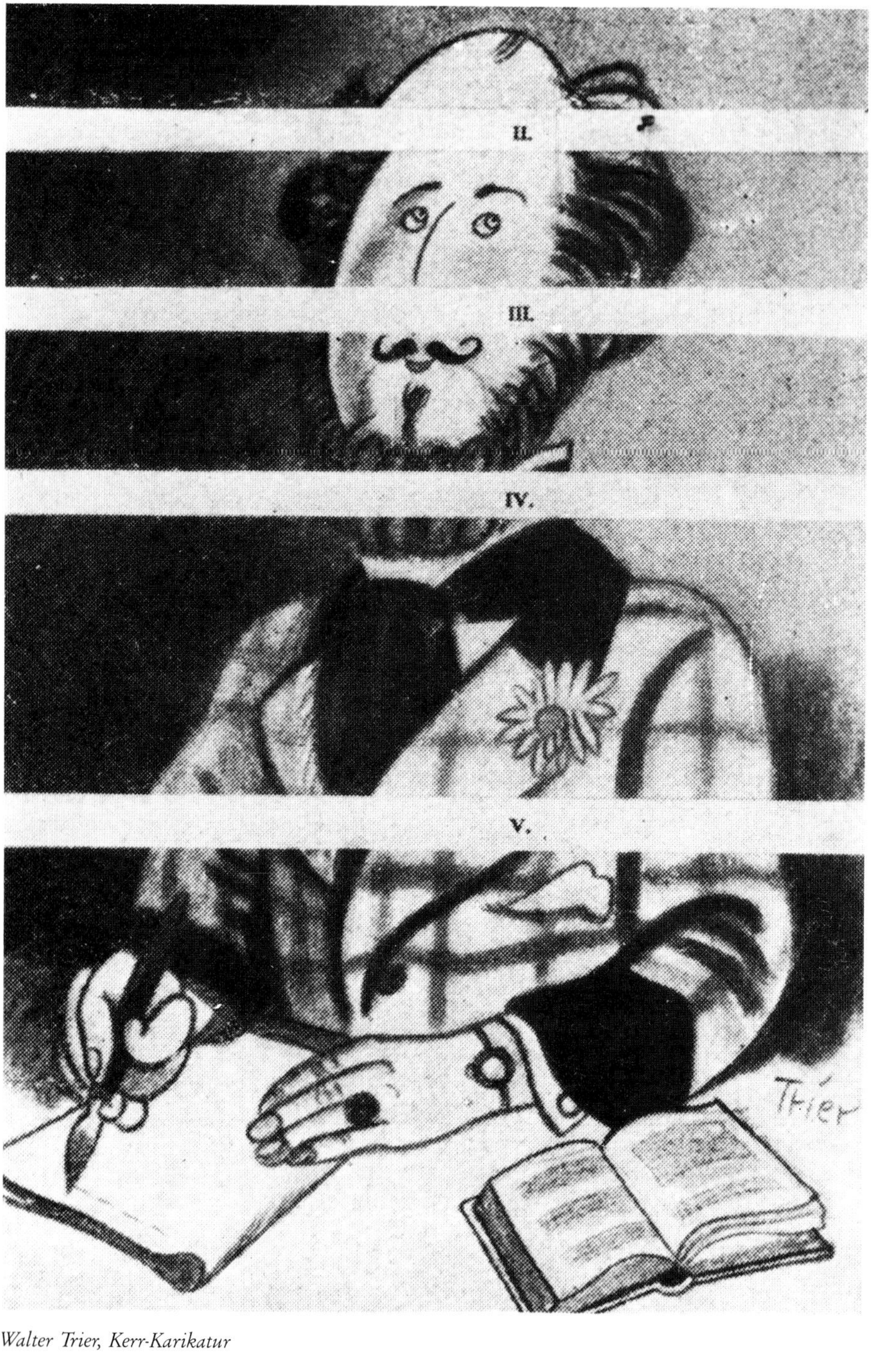

Walter Trier, Kerr-Karikatur

mechanischer Gegensätzelei, in Geistesschwäche mit „scharfsinniger" Haltung oder „menschenfeindlicher Haltung"; etwan: „Ich bleibe gebannt stehen, weil die Sonne blutrot untergeht wie noch nie, und einer bittet mich um Feuer." Nietzscherl. Mehr sag ich nicht.

„Ich verfolge einen Gedanken, der soeben um die Straßenecke gebogen ist, und hinter mir ruft's: ‚Fia-ker!'" Tja, die einsamen Seelen. Das san halt dö Plag'n vun an Denker.

Falls nun die Plage der Selbstverachtung hinzutritt? (Er äussert: „Mir sind alle Menschen gleich, überall gibt's Schafsköpfe und für alle habe ich die gleiche Verachtung.")

Nett, wenn er das Publikum betriebsam auf seinen abseitigen Weltekel aufmerksam macht. Oder wenn er (in belästigender Weise) die Leute fortwährend anruft, er wolle nicht von ihnen beachtet werden.

Grundcharakter: Talmi plus Talmud. Sein St... Sti... Stil besteht aus zwei getrennten Nachahmungen: er verdünnt seinen Landsmann Spitzer und äfft Harden; Herr Kraus leidet an doppelter Epigonorrhöe. Er fälscht gewiss nicht — er geht nur in Irrungen ziemlich weit, so daß der alte berliner Scherz „Karlchen hat wieder mal gelogen" — und zwar in der dümmsten schlichtesten spasslosesten Weise glatt gelogen, erfunden, geschwindelt, um einen Augenblickshalt zu haben, weil er sich auf die Grossmut und Gleichgültigkeit seiner Gegner verlässt ... dieser Satz kommt nie zu Ende; wollte sagen: so dass der alte berliner Scherz „Karlchen hat wieder mal gelogen" gewiss nicht ohne weiteres für ihn zur Beleuchtung dient ... Was Epimenides über Kreta äussert, passt nicht, weil Kraus von der Insel Mikrokephalonia stammt.

III.

„Die Art, wie sich die Leute gegen mich wehren ..." Saphirle. Komm mal ran ...

IV.

Ganz wie ein Tuchreisender, der weiss, was er der Gegenwart nietzschig-kitschig schuldet, in der Abwehr gegen Demokratismus. Ein Einsamer und ein emsiger Menschenfeind wird doch nicht...

Dass man demokratische Freiheit nicht in der Welt für das Höchste zu halten braucht, Knirps, aber jetzt für etwas Wichtiges in Deutschland; dass hierfür zu fechten ein Opfer ist (wie es eine Lust ist): das wirst Du nicht begreifen, — schale Haut.

Deine Sektion ergibt zwei Kleingehirne. Was Du kannst, schale Haut, ist einen Reporter lustig beschämen; den Schnatterstil des Herrn Harden glänzend nachtäuschen (später auch bewusst, mit einer Kennerschaft, die ulkig, aber peinlich ist); Du kannst für freie Geschlechtsübung Banalheiten äussern — und bist ein dummes Luder, das nie mit sich allein war. Oft ein amüsanter Spassbold —: aber ein entsetzlich dummes Luder.

Nun lauf' — und präge Dir ein leichtes Capricho-Lied hinter die oft strapazierten Ohren:

V.

Krätzerich; in Blättern lebend,
  Nistend, mistend, „ausschlag"-gebend.
Armer Möchtegern! Er schreit:
  „Bin ich ä Perseenlichkeit ...!"

Wie der Sabber stinkt und stiebt,
  Wie sich 's Kruppzeug Mühe gibt!
Reissen Damen aus und Herrn,
  Glotzt der arme Möchtegern.

Vor dem Duft reisst mancher aus,
  Tachtel-Kraus. Tachtel-Kraus.
Armes Kruppzeug — glotzt und schreit:
  „Bin ich ä Perseenlichkeit ...!"

Thomas Bodenbruch
(1926)

I.

Als Knabe war ich schon verknöchert;
Ob knapper Gaben knurr-ergrimmt.
Hab dann die Littratur gelöchert
Mit Bürger- und Patrizierzimt.
Sprach immer stolz mit Breite
Von meiner Väter Pleite.

II.

Ich dichte nicht — ich drockse
Ich träume nicht — ich ochse.
Ich lasse Worte kriechen,
Die nach der Lampe riechen,
Ich ledernes Kommisch'chen.

Ich kenne keine Blitze,
Kein Feuer, das erhitzt.
Ich schreibe mit dem Sitze,
Auf dem man sitzt.

Im Grunde bin ich nicht bös —
Nur skrophulös.

* *
*

III.

Voll hemmender Bedenklichkeit
Und zaudernder Entfaltung,
Staffier' ich meine Kränklichkeit
Als »Haltung«.

Literatur-Alphabet 1927, Pressezeichnung, Literarische Welt, Ottomar Starkes kleine Literaturbilderbogen.

Emil Praetorius, Kerr-Karikatur

IV.

Meist hock' ich, ein gereiztes Lamm,
  Musiklos, aber arbeitsam.

Mein Zustand zeugt geheime Tücke
  (Man ist nicht eben ein Genie) —
Romane werden ... Schlüsselstücke:
  »Das geht auf Den!«, »Das geht auf Die!«
Ich male zur Genüge
  (Ach, mühsam, teigig, tonig)
Die körperlichsten Züge —
  Mich selbst verschon' ich...

* *
*

Und bin ich doch ganz ein armer Hase,
  Im Busenwinkel bang und trist:
Mich giftet meine Kolbennase,
  Die mißgeschaffen ist.
Der Schlüssel, der die Schlüsselwerke
  In ihrem letzten Grund erschließt,
Ist meine eigne Rüsselstärke,
  Die mich verdrießt.

Bald meint' ich unsren Arzt »damit«,
  Igittigitt!
Bald war es meine Tante,
  Nöch, von der Wasserkante.

Ich habe manchmal still geplärrt
  Und starrte stier auf meinen Stecher —
Dann mal' ich Andre dick verzerrt:
  So Holitscher als schiechen Schächer
    (Zahnstockiges Jammerbild) — —
  Und wüte, wenn ein heitrer Rächer
    Mit gleichen Mitteln es vergilt...
  (Wie scheußlich, wenn mein dünnes Gift
  Mich selber trifft!)

VI.

Ein Trost: ich schlage den Rekord
  Im Gründlichen, Langstieligen,
Ich bleibe nach wie vor ein Hort
  Gebildeter Familien.
    Sie äußern keinen Widerspruch
    Und schätzen Thomas Bodenbruch.
Ich bin doch voll und ganz
  Die Lust des Mittelstands.

Noske Wehrminster
(1926)

Straßenauflauf, völkisch-grob, —
  Noske riecht am Blumentopp.
Friedvoll, engelschön und stille
  Geht er in der Samtmantille.

Auf den Gassen wird gehetzt,
  Bis es saftge Senge setzt.
Noske träumt. Er pflegt in Treuen
  Hyazinthen und Levkojen.

Wehr-Soldaten lobesam
  Stehn vor Königsjunkern stramm.
Noske streichelt wie ein Dichter.
  Veilchen und Vergißmeinnichter.

Putsche polkt man. (Ludendorff
  Laufert auf den großen Worf.)
Wann soll Noskes unbegrenzte
  Langmut schwinden? … Justav, pennste?

[Der Krieg]
(um 1930)

I.

Der Krieg dient — nach allen, zumal den letzten Erfahrungen — nicht zur Lösung von Fragen. Sondern zu stärkerer Verwicklung und Verwirrung.

Eben deshalb ist (bei der unausrottbaren Dummheit der meisten Regierungen und Generalstäbe) ein neuer Krieg in absehbarer Zeit bevorstehend.

II.

Ich bin ein Gegner des Kriegs; will sagen: des viehischten, überlebtesten, unpraktischsten, kostspieligsten Mittels.

III.

Möglichkeiten der Verhinderung:

A. Höchstverstärkter Internationalismus (der in Sachen Post, Bahn, Telephon, Radio, Scheck, Patent usw. sogar für Chauvinisten und Autarktisten längst besteht).

B. Zielvolles Empordringen ... nicht der „Intellektuellen", sondern geistig entschlossener Kampfschichten. Zwecks Schaffung einer wehrhaften Weltpolizei. Für die Organisation unbedingt nötig: Heranziehung von Fachleuten; in diesem Fall von überzeugten Offizieren — so seltsam es klingt.

C. Verstärkter Einfluss der Frauen auf die Politik. (Wesentlicher Punkt).

D. Ein Vorschlag, der sich an die Überlegung wendet, also heut wenig Aussichten, aber vielleicht eine Zukunft hat: durch zahlenmässige, ausstellungsartige Übersicht des Kriegsmaterials der verschiednen Länder mit seinen grauenvollen Beschaffenheiten — ein Appell an die Furcht d. h. hier an die Logik.

E. Alles in allem: Züchtung reisiger Kulturgruppen. (Reisig heißt auf deutsch „militant".)

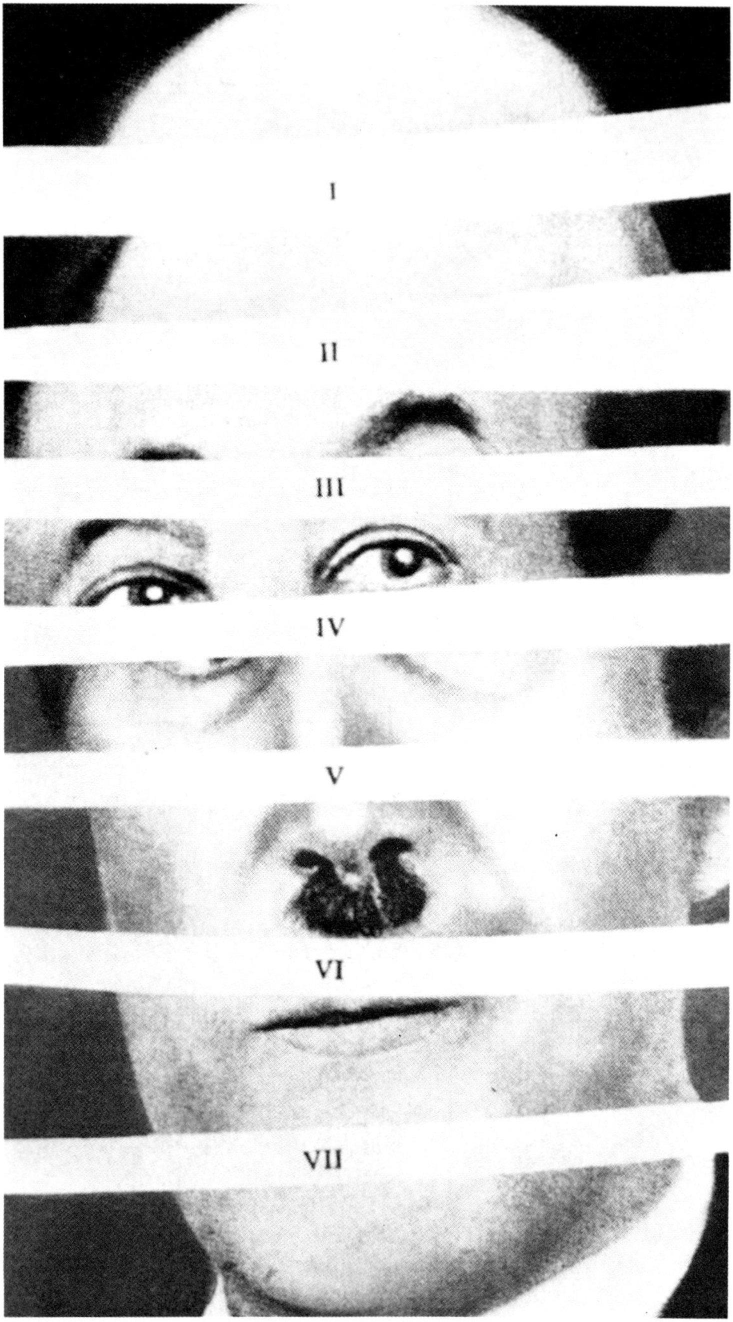

John Heartfield, Kerr-Photomontage

Schwindel ohne Leistung
(um 1932)

Schwindel ohne Leistung .... das ist die N.S.D.A.P.
Erlogene Versprechungen als Köder .... das ist die N.S.D.A.P.
Lasst euch von grossprecherischen Quacksalbern nicht dumm machen! Sie wollen nichts als die brutale Macht und eine Herrschaft blutigster Barbarei!
Es ist und bleibt wahr: die N.S.D.A.P. wird von der Grossindustrie ausgehalten. Man sucht erfolglos, das wegzulügen — und behauptet dreist, dass Andre lügen!
In Wahrheit wird diese „Arbeiterpartei" von Arbeiterfeinden gefüttert.
Ihre Geldgeber, z. B. die Betrüger Lahusen, wiegen zwanzig Sklareks auf.
Diese „Arbeiterpartei" ist nachweislich mit abgebauten Monarchen verbündet, die vor 1914 grossmäulig zum Krieg geschürt hat! Wollt ihr, dass diese Sippe wieder ans Ruder kommt?
Was Hitler, der Mann des gebrochenen Ehrenworts, auch dreist dagegen lügen mag — die Herrschaft der N.S.D.A.P. bedeutet Krieg! Letztes Elend! Deutschlands Zerfall!
Die S.P.D. hat ein verwundetes und zerrüttetes Land vor dem Untergang bewahrt. Sie hat den Krieg nicht gewollt, dessen furchtbare Folgen der Arbeiter heut zu tragen hat.
Hitler ist ein zweiter Wilhelm — mit dem Wahlspruch:
„Ich führe euch herrlichen Pleiten entgegen!"
Die S.P.D. ist der Fels im Schlamassel der Kriegsfolgen.
Wählt S.P.D.

„Damals, 1914 — na!"
(nach 1945)

I.

Ich las in diesen Blättern die freundwilligen Zeilen, die Herr Fritz Gross dem Andenken an Karl Kraus gewidmet hat; ein Erinnerungsfest, das ich nicht stören möchte — es sei denn durch die wiederholte (auch hier wiederholte) Feststellung: dass der sel. Kraus niemals mit

Osio Koffler, Kerr-Karikatur, in: Die Fackel, Nr. 787-794, 30. Jg., 1928, S. 208

Verleumdungen geknausert hat gegen solche, die gelegentlich ihn schärfer beklopft und heiter gekennzeichnet hatten; ja, dass der Heimgegangene nach gewissermassen (nachgewiesen zu seiner Lebzeit) ein bedenkenloser Ehrenschänder war ... neben seiner Literatur. Das gibt es.

II.

Deshalb hat ihn der edle, hochstehende Sozialistenführer Viktor Adler druckschriftlich einen „Virtuosen der Ehrabschneiderei" genannt, der „gemein entstellt, lügt und verleumdet". Dies in Druckschrift, öffentlich. Doch in der Kenntnis desselben Tatbestands lasse ich mir von keinem, auch von Viktor Adler nicht den Rang ablaufen — und weil Fritz Gross diese Charaktereigenschaft übersah, wird sie gern hier ergänzt.

Wobei (was sich von selbst versteht) über einen dauernd Abwesenden nichts gesagt wird, was nicht während seiner vorübergehenden Anwesenheit gesagt worden ist.

III.

Aber warum dies alles? — Weil wir wieder in einem Krieg sind; und weil ein geschickter, wirksamer Schwindel den früheren Krieg wirksam und geschickt überlebt, sodass die Virtuosität des Verblichenen heut noch bei unvollkommen Wissenden zieht; dass beispielshalber jeder, der gegen mich was auf der Pfanne hat, als Erstes die Virtuosität des Verewigten vorholt. Wer mir immer was andrehn will, fällt schlagfertig zunächst auf den Ausweg: „Die Haltung damals. 1914...!"

Aber ja. Zumteil stimmt es. Nie geleugnet. (Es war mein erster Weltkrieg. Denn anno Siebzig trug ich noch ein weisses Piquékleidchen). Nur stimmt es nicht, dass im Grunde die Haltung des Kraus anders war als die meine. Das ist der Trick.

Im Beginn war die Haltung der sozusagen Geistigen in Deutschland und Österreich praeter-propter dieselbe. Wir glaubten ja wirklich, Deutschland sei überfallen. Sogar hier ganz abgesehn von dem „Manifest der 93" (der Spitzen in Wissenschaft und Kunst) — dem ich die Unterschrift verweigerte. Auch abgesehn, später, von der ersten Hissung der Fridericus-Gestalt durch Thomas Mann, als eines nationalen Symbols. Was ich gleichfalls nicht mitgemacht (und später verspottet) habe.

IV.

Der Gelegenheitsethiker Kraus hat, seinerseits, hymnisch den Kriegserlass des Kaisers Franz Joseph damals begrüsst. Das ist selbst von ihm nicht wegzuleugnen.

Er sprach von „jenem erhabenen Manifest, jenem Gedicht, das die tatenvolle Zeit eingeleitet"... und so. Nachher hat er sich, wie zum Glück wir alle, besonnen.

Ich hatte mich schon früher besonnen. Davon gibt das Septemberheft der „Neuen Rundschau" ein für alle Mal Kunde. Ganz unwidersprechlich: „Aus dem Kriegsbuch eines Hirnwesens" (1914, September!). Ich schrieb dort, auch in andren Zeitschriften, in meinen Büchern das Stärkste, das gegen den Krieg (im Krieg) gesagt worden ist. Entschiedeneres als der Virtuose. Grundgreifender als irgend jemand in Deutschland. Nun, über meine Gesamthaltung ist ja kein anständiger Mensch im Zweifel.

„Aus dem Kriegsbuch eines Hirnwesens". Das muss man lesen: der entschlossenste Gegner jenes Kriegs spricht — und bekennt. Das muss man lesen. Kraus hat es auch gelesen; er schrieb (drei Monate später!) seinen Hymnus an den Kriegserlass. Er verleumdete zur Ablenkung meinen Standpunkt, schob mir dreist blödsinnige Strophen unter, die nachweislich nicht von mir waren — und wirkte derart berufstüchtig, dass noch manche meiner Freunde, wenn auch nicht ich, es ernst nahmen. Kraus malte sich als den Kriegsfeind (der er auch war), dagegen mich — na! die Haltung, 1914...! (In dieser Art).

Die Virtuosität des geärgerten Personalmoralisten wirkt sicher noch heut. Somit ist in dem Gedenkbild dieses Gross dringend auf eine Lücke hinzuweisen.

Ich habe Kraus mehrmals öffentlich als einen Verleumder bezeichnet. — (siehe zuletzt „Berliner Tageblatt", 29. März 1928) — er zog jedoch voll Weisheit eine hastig erhobene Klage zurück. Vor Gericht hat auch Virtuosität seine Grenzen. Die Justizurteile sonst entschieden sämtlich gegen ihn. Was jedoch länger lebt als sie, bleibt berufliche Fertigkeit eines erprobten Fachmanns.

V.

Ich bin beim Ordnen meiner Papiere. Ich verweise (damit auch diese Rechnung beglichen sei) auf die Darlegung des unsauberen Handels in folgenden meiner Schriften.

1) In dem Buch „Es sei wie es wolle“ (1927, S. Fischer) S. 209-216. Es enthält den ganzen Fall.
2) In dem Versbuch „Caprichos“ (1926, I. M. Spaeth, Berlin). S. 167.
3) In meinem Gedichtband „Melodien“ (1938, Paris. Editions Nouvelles Internationales). S. 155-157.
4) In der Zeitschrift „Pan“ (1914 und lange zuvor).
5) In „Candide“ (25. Dezember 1930). „Résponse“.
6) In „Aux Ecoutes“ (14. Oktober 1933). „Une lettre“.
7) Vgl. das Buch von Georges Bourdon: „L'Enigme Allemande“ (1912/1913)

Comte de Mun: „L'Heure décisive“ (Figaro [1912] wiederholt 1937, 18. Sept. „La menace allemande“).

VI.

Ich las meine alten Spottgedichte gegen Kraus jetzt noch einmal. Um gerecht zu sein: er hatte danach Anlass zum Groll.
Doch er nahm den Groll zum Anlass.

IV. „Theater, Theater!“

Die Welt im Drama und auf der Bühne: „Das Mimenreich“ „Lenker“ und „Gestalten“ Kritiken

Spätestens seit der Jahrhundertwende hatte sich Alfred Kerr als einflußreicher und gefürchteter Theaterkritiker in Berlin etabliert. „Der Tag“ im Kaiserreich sowie das „Berliner Tageblatt“ in der Weimarer Republik waren die Zeitungen, für die er schrieb. Daneben entfaltete Kerr rege publizistische Aktivitäten in den verschiedensten Periodika von S. Fischers „Neuer Deutscher Rundschau“ bis zu Franz Pfemferts „Aktion“. Auch hier reflektierte er in bekannter polemischer Art aktuelle Theaterfragen, portraitierte Schauspieler, Regisseure und bezog Stellung für oder gegen zeitgenössische Dramatiker. Dauerhafte Förderung und scharfzüngige Ablehnung gründeten stets auf seinen künstlerisch-ästhetischen Maßstäben, die er vor allem vom Bühnen- bzw. Dramennaturalismus und Impressionismus bezog. Das bedeutet allerdings nicht, daß sich Kerr bestimmten Richtungen vorbehaltlos verschrieb. Immer blieb der herausragende einzelne – Hauptmann, Ibsen, Schnitzler – Orientierungspunkt und Gradmesser, und mit der „Liebeserklärung“ artikulierte sich zugleich der „Haßausbruch“. Alfred Kerr kämpfte für Otto Brahm und hielt auf kritische Distanz zu Max Reinhardt; er feierte Leopold Jessners radikales Theater für die Republik, bemühte sich um ein freundliches Urteil gegenüber Erwin Piscators „soziologischer Dramaturgie“ und verfolgte Bertolt Brecht ein Leben lang als begabten, aber überschätzen Dieb geistigen Eigentums.

Theater, Theater!
(1917)

I.

Der Mime schluchzt im Glast der Kerzen,
Wankt heulend vor- und hinterwärts —
Denn nicht genug an unsren Schmerzen,
Durchfressen wir enttäuschten Schmerz.

Der Dichter, selbst des Zwiespalts Beute,
Im Leben rat- und glückentblößt,
«Schafft» noch Konflikte fremder Leute,
Die er mit Herrscherhoheit «löst» —
Der Trottel wird vom Plankenbrett
Ein Richtungsweiser fürs Parkett!

II.

Ich schaue manchen Hochgeschätzten,
Wie er sich rackert, wie er schwitzt —
Er zeigt mir dennoch nichts vom Letzten —
Das in der Seelen Seele sitzt.
Mein Auge sieht mit stillem Hohn
Den ringenden Schimpansensohn.

III.

Zum Kugeln, wer ein kritisch Ämtchen
Gottsbitterlich pathetisch nimmt.
Zum Kugeln, wer im Priesterhemdchen
Das Rampenholz zum Fetisch nimmt.
Das Ding, worum man raunt und schreit,
Ist von beschränkter Wichtigkeit.

Ein Pech scheint mir, dem Wertbemesser,
Noch dieses: — Wenn mein Maßstab mißt,
Wird, was ich spreche, meistens besser
Als das, wovon zu sprechen ist.

Photomontage (1928): Alfred Kerr und Herbert Jhering als Goethe-Schiller-Denkmal

IV.

Das Spiel enttäuscht — doch lieb' ich sehr
Das Drumunddran. (Und das Nachher.)

V.

Der Mond ergleißt. Die Laute klimpert.
  Der Arm geht hoch. Der Chor schreit schrill.
Und was ein Spielwart leuchtend stümpert,
  Ergötzt mich — anders, als er will.
Der kommt beglänzt, die kommt umschattet.
  Mannsbilder fechten. Frauen fächeln.
Der wird erdolcht. Die wird begattet.
  Ich seh' es mit verborgnem Lächeln.
Auf Helden (Heilige Augennerven!)
  Ist man beflissen, Schein zu werfen.
In manches Kleinhirns Mitte steht
  Die Schiebestätte, die sich dreht.

VI.

Mein Nachbar links hat eine Platte;
  Die Dame vorn ist blond wie Flachs;
Sie ... duftet gleich der Bisamratte;
  Er ... ähnelt einem Beuteldachs.
Zum Sperrsitz rudern die gelehrigen
  Unsichtbar fressenden Bakterien.
Doch wenn die Mimen fertig sind,
  Weht (vor der Tür) ein holder Wind.

VII.

Mein ist, was überm Truggefilde,
  Befreit von dicker Tragelast,
In klingend-stählernem Gebilde
  Durchs Wort die Welt zusammenfaßt:
Der Geist, für den die Puppenschar
Und ihr Poet ... ein Anlaß war.

Josef Kainz als Hamlet in William Shakespeares gleichnamigem Stück

Else Lehmann als Mutter Wolfen in „Der Biberpelz" von Gerhart Hauptmann

Agnes Sorma als Nora in „Nora (Ein Puppenheim)" von Henrik Ibsen

Alexander Moissi als Moritz Stiefel in „Frühlings Erwachen" von Frank Wedekind

Kainz
(1917)

I.

Wer warst du, Seele, wundersame?
Wer warst du, die ins Finstre schied?
Ein Zaubervogel, eine Flamme?
Warst du ein Wein? Warst du ein Lied?

Wer ging durch unsre Frühlingsfelder;
Und fern aus Träumen, unsichtbar,
Hesperische Zitronenwälder
Umschatteten sein Lippenpaar?

Warum die Rast des noch nicht Müden?
Wer warst du? Keiner kam dir gleich.
Du Glück und Glut aus deutschem Süden,
Dionysos aus Österreich.

Du hextest funkelnd aus den Saiten
Tief tausendfältiges Getön
Und Blitze, Peitschen, Seligkeiten
In goldner Wildnis — menschenschön...

II.

— — — — — — — — — — — — — — — — —

Sacht bettet man den Frühverscheuchten
Im Dämmerglast des Kerzenscheins.
Wir grüßen dich. Du warst ein Leuchten
Es kommt nicht wieder — Josef Kainz.

Im Reiche der Sorma wachsen Zypressen und Rosmarin, stille Tränen fließen, Lachen erklingt. Sie gesellt das Widerstrebende: Innigkeit und Gassenmädelgrazie; Leiden und Betrug. Ihre Welt ist die Welt der holdesten Tragik und der trauervollsten Koketterie.
[...]

Kind und Weib ist sie noch als Nora. Der Übergang der Lerche zur Frau wirkt bei ihr am tiefsten. Sie gibt nur eine Frau, auf die unendlicher Schmerz niederfällt wie Frost; deren Hauptgefühl nicht der Drang zur Abwehr ist, … sondern die unauslöschliche Trauer. Henrik Ibsen hat sie — deshalb? … trotzdem? - „meine allerbeste Nora“ genannt.

(zu Agnes Sorma, 1900)

Else Lehmann
(Im Krieg)
(1916)

Flammenwerfer und Torpeden!
  Blut und Brand! Die Welt verwest.
Ist da Zeit von dir zu reden,
  Die du auf den Planken stehst?
Ja, trotz Tod und Feuerschein —
  Else, so viel Zeit muß sein.
Volksgestalt im festen Norden,
  Wie du dazumal erschienst —
Bist uns vieles mehr geworden:
  Stark in stillem Erdendienst.
Abseits von den Flitterspendern,
  Von talentvoll fixen Blendern.

Wesensstill im eignen Lichte
  Wohnt das Bleibend-Hohe, Schlichte
  Und das Echte und das Dichte.

Und in diesen schweren Tagen
  Soll man Dir es stille sagen.

Ob die Sturmsirenen schrei’n —
  Else, so viel Zeit muß sein.

Moissi
(1913)

I.

Jetzt wenn ich zum Papste geh,
Denkt er still auf der Tournee,
Steht es bald mit fetten Lettern
In den Blättern.

Sämtliche Kollegenheit
Platzt vor Neid.
Reinhardt selber wird sich giften —
Hollaender möcht' Kerzen stiften.

Schwarzer Rock und schwarze Hose
Und die feinste Fußkußpose.
Wer den Freund, das Vorbild liebt,
Weiß, wie man Effekte schiebt.

II.

Und der graue Kirchengreis
Läßt ihn kommen. Lächelt leis.
Hört ihn sprrrrechen. Prüft das Ganze.
Und beschaut sich still die Pflanze.

Wendet sich mit sanfter Seele
Zwinkernd an die Kardinäle:
„Ich erstaune. Denn wie gern
Nennt sich sowas sonst modern.

Ihr erklärt: zum Himmel schreit es —?
Laßt das Bürschchen. Gott verzeiht es.
Knieend auf dem Fußkußteppich
Sah ich die Moderne... Nebbich."

Mit ihrem Kinderleib und ihrer Kinderstimme kann sie das Böse, das Verdorbene, das Eigenwillige, Groteske, Miaulende, Balzende, Exzentrische, Saloppe, Zoologische, Schreckhafte, das Akrobatische und das Nachlässig-Heitere tiefer überzeugend machen als sonst wer bei uns. Die Bewegungslinien bleiben in der Erinnerung, wenn sie, gleich einem Nachtmahr in Röcken, jemand umschlingt.

(zu Gertrud Eysoldt, 1903)

Gertrud Eysoldt als Puck in „Ein Sommernachtstraum" von William Shakespeare

Tilla Durieux als Klytemnästra in „Elektra" von Hugo von Hofmannsthal

Albert Bassermann als Christian Maske in „Der Snob" von Carl Sternheim

Fritz Kortner als Marquis von Keith im gleichnamigen Stück von Frank Wedekind

Bassermann ist Schauspielkunst. Glänzenden Stils. Und lauten Stils.

Er hat vermutlich eine Seele, der aber nicht beizukommen ist. Sie hegt um sich einen luftleeren Raum. Alles zeigt eine Spur von Nichtgefaßtwerdenkönnen, Vorbeireden. Auch wo er wundervoll ist.

Seine große Zeit war unter Brahm — der Seelen meisterte. Sie kann wiederkommen, wenn ihn ein Mensch bezähmt, bewacht. Wehe, wenn er losgelassen.

Er ist im Grunde selten eine Gestalt; meistens ist er herrlich als der Schauspieler dieser Gestalt.

Noch als Schauspieler im Schauspiel, als verlogener Mime wirkt er nicht ganz vollblütig ... doch kostbar als Gestalter des Vollbluts...

(zu Albert Banermann, 1915)

Ein Reiz für Blick und Ohr, die Durieux. Für den Blick dann weniger: wenn die Hüfte durch das Kleid nach oben verlegt wird. (Sie muß im Rücken die kurze Taille meiden.)

Wundervoll ist ihre Kraft im Dramatischen. Wenn sie ruft: der Gemordete sei ihr Bruder gewesen. Dazu, welche Sprecherin von seltner Art.

...Nur Tränen werden ihr keine fließen. Diese Frau ist geistig so vif, daß ihr die Einfachheit des Schmerzes fehlt. Sie ist ... fortreißend, aufpeitschend, widerlegend, Recht fordernd, Fragen stellend; aber weinend?

Weinend nicht.

Weshalb weint man nicht mit ihr? Weil man zu sicher ist: hier steht ein so wacher Mensch, so bewußt; man weint mit den Hilflosen.

(zu Tilla Durieux, 1917)

Krauss ist vorwiegend ein geistiger Sprecher, der manchmal das Empfinden weckt, er sei von einem zauberkundigen Ingenieurgenie künstlich erbaut als Reproduzent für fabelhaft gebrachte geistige Sätze. Man hat immer die Empfindung, dass er wunderbar spielt. (Als klaffte zwischen dem Spieler und dem Gespielten ein strichdünner Spalt ... Oder: als seien die Worte mehr ein Behang für den Spieler; nicht die Haut des Spielers.)

Man hat eher die Vorstellung eines geistigen Sprechers als eines geistigen Menschen. Sonderbar.

(zu Werner Kraun, 1932)

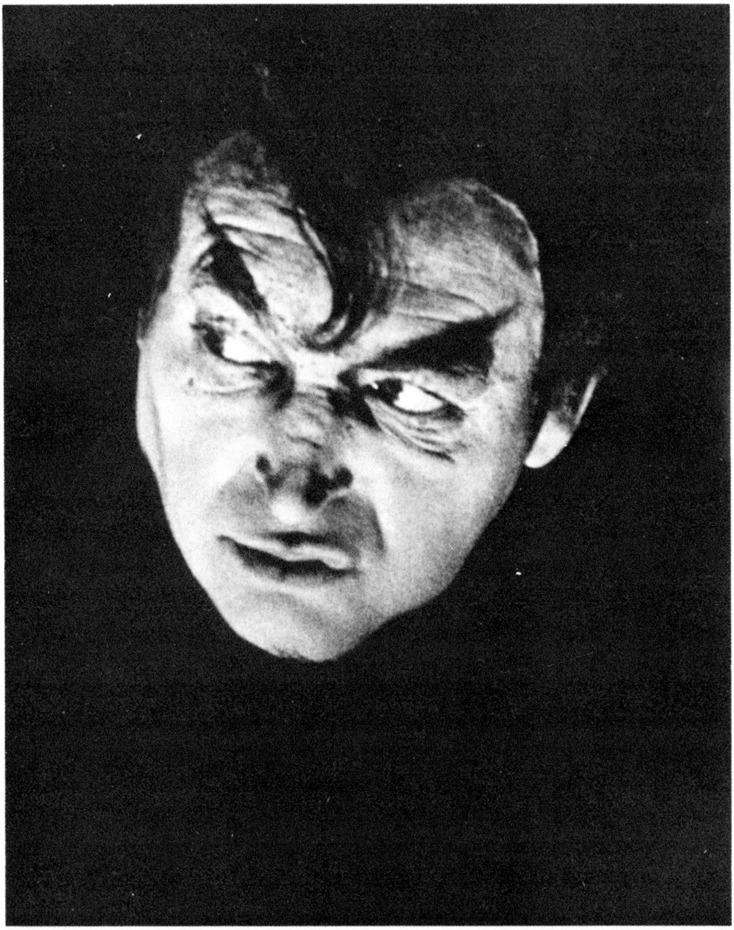

Werner Krauss als Mephisto in „Faust" von Johann Wolfgang von Goethe

II. („Marquis von Keith")

Fritz Kortner: ein Feuer, das sich verzehrt. Er durchseelte den Hochstapler Keith mit allem Furioso der Willensübertragung; mit aller Zerrüttung beim Zusammenbruch ... und allem Aufwärtsdrang zum Weiterschuften.

Ein Stehaufmensch, herrlich. Am stärksten war er — das spricht für ihn — im Niedersinken: mit einer grossen funebren Einfachheit.

(zu Fritz Kortner, 1928)

Theater in Berlin
(1908)

I.

Es ist Sommer, da ich dies schreibe. Somit ist meine Sendung: mich zu erinnern, was vom Winter noch in mir lebt. (Festzustellen, was vom Theater über das Theater noch hinausging.)

Wer in goldnen Tagen der bleichen Tage denkt, sieht anders, als wer inmitten von Kimmeriern einen Spezialsport betreibt ... Ein Sommerurteil über die Kunst (gefällt von solchen, die fähig sind, Wintermenschen zu sein) muß der Vision eines Rentners auf dem Sterbebett nahekommen, der alles durchlebt hat und von allem durcheinander Abschied nimmt, über Kreuz: Da wird Michelangelo von einem Vogelruf halb vernichtet. Und ein holder Körper durch den Begriff Beethoven halb entwest. Ein Kampf ... oder eine große Hochzeit?

Es gibt zwei Gattungen vor der Kunst: Lebensmenschen; denen sie noch was Holderes ins Leben bringt. Und Kunstmenschen; denen sie nichts Holdes, sondern Schweres ist. Diese zweiten (und dazu gehör' ich im Winter; im Sommer nicht) sind die Spezialsportleute; die bisweilen den Anfang der Kunst vergessen haben. Zu dieser Art gehören die großen Künstler. Die meisten davon sind andauernd Wintermenschen. (Nicht jeder andauernde Wintermensch ist ein großer Künstler...)

Gipfel der Erde scheinen mir die wechselnden Sommer- und Winternaturen. Diese Halben sind die Doppelten: die beim Todeswetter zu sinnen, in der Duftzeit zu atmen wissen.

Ein Gipfel ist der Juljännerich — möcht' man sprechen.

Kongruenz gibt es aber nicht. In bleichen Läuften ist die Schilderung vergangenen Atmens überzeugter als in goldner Zeit die Schilderung vergangener Kunst...

II.

Ich kann anders nicht zurückdenken als meinem Sommergesetz der Halbierung-Verdoppelung untertan. Etwas Stärkstes bleibt in mir, was sehr tiefe Kunst bedeutet: Ibsenvorstellungen bei Brahm. Was tiefe Kunst bedeutet — und zugleich hoch in mein Atmen langt. Am Ende dieser ganzen Herrlichkeiten lebt es noch. Inmitten des Zaubers bedrängt es mich. In Taumelstimmungen schwingt es mit. Das ist die schwarze Gloria. Das ist die stille Hand, die in große Gänge, in schlummerndes Versinken, in jede ehrlich letzte Zwiesprach hineinspenstert und in alle trudelwilde Magie. Dies ist das Eis, das nach jedem Klettern oben wartet. Keine Bühnenkunst mehr: sondern eine Lebensangelegenheit ... Im Sommer, wo ich mit Engländern auf fernen Schiffen im Atlantischen Ozean kreuze, wo ich über die braune Asche des größten Feuerbergs dieser Erdenwelt hinaufsteige nach Luftvorsprüngen, tief unter mir Bananenwälder, die brüllendheiße großmütige Flut, ja nach Vorsprüngen des Vogelflugs, mit grün triefender Lava, deren Grat um einen Halbmond bald seelig-schauerlich verringert, bald um einen erhöht ist; über mir der Tod, das Eis dieser Kanareninsel, unter der Sonne, der Sonne, die man im Deutschen Reich nicht kennt ... dort spricht eine Theatervorstellung. Nein: ein ganzer Ibsenstrauß. Es ist nicht mehr Bühnenkunst: Lebensangelegenheit. Wie eine Warnung ... Packt ein, alle miteinander. Der Winter hat gewußt, was es bedeutet; der Sommer hat bestätigt, was es bleibt. Nichts Künstliches: sondern wie Seefahren, Mittag und Nachtschauer ein Daseinsteil, durch keinen Flitter getrennt von der vergehenden Helle. Seelenstimmen.

Vor diesem Borkman zogen andre Schicksalsglieder vorbei, bis zu den erwachenden Toten und erwacht Sterbenden. Es ließe sich mit den Worten des Theaterschmußes beifügen, wie die herrliche Schauspielerin E. Lehmann hinriß; und vom Reicher, wann er schwach (auch wann unverstanden groß) war: aber von dem Ganzen könnte man so nicht sprechen, wenn es nicht so dargestellt würde. Wenn alles nicht eine gewisse Seelenluft umhüllte. Da, meine Lieben, Parkett sechs Mark fünfzig kostet, steht es fest, wo man seine Kirchensteuern bezahlt. (In Bayreuth nicht.)

Eolf. Die Marschmelodie der Verlorenen und Beharrenden. Ein sozusagen bürgerliches Ewigkeitswerk. Nicht so gespielt wie Borkman: doch man hat, und nur in diesem Hause, das Gefühl von etwas über das Theater Hinausgreifendem.

Ich entsinne mich noch einer Stunde bei Brahm. Akte von Schnitzler. Darunter, „Der Puppenspieler", — etwas, das mich in dieser Verleiblichung erzittern machte. Arthur, — trotz dem Kunstvollen eingeflochtener Beziehungen (so ... mystische Zusammenhänge) fühlt man: Das sind Stücke des wahren Lebens! In dieser Menschenhaftigkeit der Darstellung vergißt man es nicht.

III.

Im hellen Sommer denk' ich an die „malerische" Bühne Reinhardts. Ein Geschmackstheater. Mit Prospekten, lackiert und stumpf; mit Bäumelchen, auf die Szene gestellt; mit Leuchtstrahlen, die für ein kleines Künstlerauge berückend, für ein gewandertes Menschenauge zum Kugeln sind.

Reinhardts Talent in Ehren. Ich liebe Brahm, zu dessen Hauptschülern er zählt, stärker. Brahm, der eigentliche Schöpfer einer europäischen Bühne, macht, wenn finanziell alles mißlingt, dicke Zugeständnisse; doch in der Hauptsache ließ er stets die Leute zu sich kommen. Er war kein Liebling. Ein Reformator: nicht ein Erfüllerchen.

Am Morgen nach „Nju", dargestellt bei Reinhardt, schrieb ich, wie diese halblauten Szenen des Dichters Dymow, aus Rußland, mir etwas sind; obschon sie fremde Spuren tragen, und wie die Aufführung dieses durchgefallenen Stücks an ernste Versuche des früheren Reinhardt erinnert, als er Menschliches zu geben trachtete. Dieser Abend: so gewiß er nicht sein einzig guter war, so gewiß war er sein bester. Ich gehe mit ihm, so oft er diese Linie fortsetzt. Ich gehe nicht mit ihm, wenn er die seidenen Freuden fortsetzt. Es ist nicht das, was ich von diesem begabten und in der Not auf den Schild gesetzten Mann erwartet hatte: Shakespeare-Schau. Aristophanes-Schau. Zweihundertmal die Bühnenbilder zu „—" ... *The new Berlin stage.* Er wird im Herbst den Lear bringen. Seine Zukunft liegt in der Abkehr.

... Das Lackieren einer shakespearischen Lust, die vorläufige Verkleidung von „Was Ihr wollt", bedarf keiner Worte. Jeder Begriff dieses William aus Stratford entschwindet vor gefälliger Virtuosität. Jahre braucht man um so ein Stück in der Seele zu restituieren. Ein Meister aus Holland im Kaufhaus mit einem pikfeinen Rahmen umkitscht. Und alle Rayonchefs kommen vorgelaufen und zwinkern vertraulich mit der Hand ... Jahre, — Jahre. Woran liegt es, daß auf Reinhardts Brettern alles, aber auch alles diesen leuchtenden Charak-

Otto Brahm (1856–1912), um 1890

Leopold Jeßner (1878–1945), Mitte der zwanziger Jahre

Die Gründer der Freien Bühne (1889)

ter bekommt? Und warum wirkt er so begeisternd auf die Schwachen? Das geht, über Theaterkritik hinweg, in die Psychologie des mangelnden Widerstands ... Liebe Leute, sogar die räumlich tiefere Bühne behält schon ihren Vorzug vor den Drehniedlichkeiten. Ich kann die schlechte Distanz dieser Männchen und Weiberln, dies Entgegenkommen auch im Format, nicht mehr sehen. Die Schrecken der gebenedeiten Bijouterie mit Leuchtkraft sind zu groß für mich. Selbst an einfacheren Abenden (wenn er einfacher ist, hat Kritik ihren Anteil daran) leben zu stark Erinnerungen ... wie etwa Bernhard Shaw in diesem Hause zu einem halben L'Arronge gekämmt worden ist; wie man „Mensch und Übermensch" mit eingelegten Mätzchen aus dem Familienlustspiel gab. Oder nette Züge wie, daß der herausstehende Hosenzipfel eines Kindes beherrschend in Goethes „Geschwistern" wird. Fort (sag' ich) lebt es, wie zum Höhepunkt der „Mitschuldigen" eine zugefügte Entkleidung wird. Wie dieses ... ich höre bisweilen: „neuromantische" Haus gerade vor dem wundersamen Kirchhofsakt in Frühlings Erwachen unfähig wird; wie das neuromantische Haus Schillers Jugendwerk um die Seligkeiten bringt, um alle Seligkeiten, aber nicht um die Manövrierteile. Das Menschliche wird nicht totgemacht: aber nie so glücklich bearbeitet wie sein Gewand. Nebenpunkte gern zur Hauptsache verkehrt...

In der Räuberaufführung Glanz, Disziplin, Gedrängtheit: aber sie gab nichts, was uns angeht. Man ist zu oft primär in sekundären Punkten. Alles, was Wildenbruch und Lederstrumpf bedeutet, herausgemeistert. Kaum etwas von dem, was Schillers Menschliches ausmacht. Nein. Es giebt kein anderes Wort: das Turnerische statt des Dichterischen. Es fesselt mich nicht für zwei Pfennige. Meine Richtung ist anders. Ihr Äffchen!

Danach erfolgte die Vergeistlosung des Aristophanes. Disziplin und Gewand. Ausstattung — für einen attisch Lachenden ... Auch die Antike muß nun erst wieder entfettet werden.

IV.

Shakespeare war nicht bloß ein Tatsachenkünstler: auch ein Wortkünstler. Bei Reinhardt ist er vorwiegend ein Bildkünstler. Wenn Herr Harden ein versetztes Rechtsanwaltchen: so ist Reinhardt im Grunde seines Mehlspeis-Innern ein versetzter Bayreuth-Regisseur. Soll er ein Vorteil für die Entwicklung werden: so muß er, wie im Anfang, Menschliches dreimal stärker züchten als Formales. Heut ist er ein Nachteil für die Entwicklung. Und da ich die Seligkeit habe, Kritiker zu sein, trifft es sich angenehm, daß ich dergleichen äußern kann. Die Kunst vom Menschen ist das Wichtigste. Äffchen! ... Macht nicht alles mit, was tausend Zungen belallen. Ich habe für gewisse Dinge keine zweite Prägung ... und sage: Wenn man eine Zeitlang draußen war, nämlich an der See, fühlt man wieder: das schönste Sommernachtsweben und das frischgestrichenste Tal-Idyll gibt im Theater nicht das, was (im Theater) die Kunst vom Menschen geben kann. Heutigen die Kunst vom heutigen Menschen. Wehen und Blühen und Leuchten ist draußen schöner: aber Seelen unseres Schicksals in der Gedrängtheit, im Helldunkel halbschimmernder Pfade zu sehen und in ihrer lockenden Verästelung: das ist möglich, in Häusern ohne Flitter, ohne Chorschnarchen, ohne Turnen, ohne Orchestrion, ohne Newyork.

Kritik ist Widerstand. Es bleibt eine Äffchen-Unart: wenn kein Besserer da ist, den hoch zu besingen, der da ist ... Ein Seitenstück: nehmt den trefflichen, doch funkenlosen Schauspieler F. Kayßler. Er ist da: weil Rittner wegging. Aber der Hang, darum einen „Erwarteten" aus ihm zu machen, keimt nicht in mir. [...]

Brahm-Feier
(1912)

Aus der Gedächtnisrede, gehalten im Lessingtheater am 22. Dezember zur Totenfeier für Brahm, Otto, folgen hier die Eingangs- und Schlußworte.

I.

Im Vaterlande Henrik Ibsens besteht die Sitte: daß nach dem Heimgang eines großen Menschen Solche, die ihn geliebt, zu dem Toten treten; Mann für Mann; Einer nach dem Andren; und daß Jeder, mit seiner Stimme, Zeugnis ablegt für ihn; einmal noch; bevor die Welt weitergeht, der Ewigkeit zu. So trat ich mit den Norwegern, im Nordland, zum Leichnam Ibsens.

So will ich zu Otto Brahm treten. Nicht um zu trauern: sondern um festzustellen.

Um Zeugnis abzulegen zum letzten Mal (nein: nicht zum letztenmal!) für die Beschaffenheit des Mannes, welcher gewesen ist: der

Ahnherr einer Bühne für heutige Menschen; der Paulus Henrik Ibsens; der Helfer Hauptmanns; in seiner Kunst der deutscheste der Deutschen.

Das Pathos war ihm fremd — doch in seinem Daseinswirken ruht ein tiefes Pathos. Er hatt die Gebärde des Lächelnden — doch er war ein Reformator.

Nicht trauern: feststellen.

Otto Brahm bedeutet den stärksten Einschnitt in der neuen Bühnengeschichte. Kennzeichnend ist und denkwürdig: der Abgrund zwischen seinen Vorgängern und ihm. Gotthold Ephraim Lessing (der andere hamburgische Dramaturg) schrieb vor einem Jahrhundert, sehnsuchtsvoll und auslugend: ‚Wir haben Schauspieler, aber keine Schauspielkunst.'

Otto Brahm war der schmuckloseste Erfüller eines Jahrhundertwunsches.

Des Wunsches nach einem hohen, entbarbarisierten, allein auf Innerlichkeit gestellten Schauspiel.

Er war der deutsche Schöpfer einer europäischen Bühne.

II.

Brahm kommt in Deutschland, zeitlich, nach den Meiningern und nach L'Arronge — (deren Nachfolger heut am Ruder sind; mit etwas mehr Glanz; aber doch im wesentlichsten als ihre Nachfolger) …

Nach den Meiningern und l'Arronge, nach einer veredelten Theaterkunst der Extensität … schuf dieser Brahm (mit wunderbarer Folgestärke) die höchste Kunst der Intensität.

Als Erster und nie Erreichter. Dies gab es nicht in andren Ländern; nicht in andren Häusern: bloß hier.

Antoine hat in Frankreich Ähnliches versucht: in geringerem Grad.

Antoine gab ein recht gemischtes Theater des sogenannten Realismus: der Brahm aber schuf ein Seelentheater.

Antoine spielte fast jeden, der damals eine Brutalität in vier Akte gebracht, ohne wer zu sein: der Brahm aber stieg in den Norden. Er holte sich von da den Tiefmächtigen; mitten heraus; für sein Lebenswerk.

Er hätte die Wahl gehabt zwischen Ibsen, Björnson, Strindberg.

Er nimmt … nicht den Björnson; der die Hand eines prächtigen Bauern, den Blick eines Schauspielers (und eine edel erfreusame, herrliche Trivialität hat).

Er nimmt ... nicht den Strindberg; (denn Ibsen ist ein Dichter von Menschenschicksalen: Strindberg nur ein Dichter von Monomanien. Ibsen ist eine Macht im Sittlichen: Strindberg nur eine Macht im Hassen. Ibsen ist ein Schöpfer von Menschen: Strindberg nur von Einzelzügen. Ibsen gibt das Fleisch und das Skelett: Strindberg gibt meistens nur ein Skelett; und ein Ausnahmeskelett).

Brahm nimmt nicht den Björnson, nicht den Strindberg; sondern blickt auf den Stärksten: dessen Helferkraft liegt in einer erschütternd tiefen Vorstellung aller innigsten Daseinsinteressen.

Den Gewaltigsten der Zeit holt Brahm — wie er aus Deutschland den uns Liebsten holt.

Dann erst kommt der große Russe Stanislawski und lernt von Brahm (er bekennt es offen) — wie Tschechoff von Hauptmann lernt.

III.

Dieser Otto Brahm, der ein europäischer Eckstein ist, hat seine europäische Bedeutung niemals einkassiert; er hat sie nur gehabt.

Als unsre Bühnenkunst am höchsten stand, wäre sie, um in Paris oder England beklatscht zu werden, viel zu tief und viel zu selbständig gewesen. (Für die Vereinigten Staaten war sie von vornherein hoffnungslos.)

Viele von Ihnen haben diese größte Zeit der Bühne seit hundert Jahren viele von Ihnen haben sie mit erlebt — und Sie wissen, daß Brahm, dieser ungemein bürgerliche Drachentöter (er war aber ein Drachentöter) niemals das Hosiannah der Massen gehört hat; sondern erst spät eine fast widerwillige, wenn auch ganz tiefsitzende Verehrung empfing: von den Besten.

Er war eine ethische Macht: nicht nur eine künstlerische.

Er war niemals der Schöpfer einer Mode: sondern ein Zwingherr zur Vertiefung.

Man soll sich des Rembrandtschen Zugs in der Kunst Otto Brahms erinnern.

Die Schlußworte der Rede haben gelautet (nach der Wertung seines Schaffens im einzelnen):

VII.

Das alles sind Dinge, welche die Lebenden nicht vergessen ... und Späterkommende durch den Zeitennebel ahnen werden.

Ahnen werden sie, daß ein Höhepunkt der darstellenden Kunst hier auf zuvor niemals dagewesene Art erreicht ist.

Der Mann, der ihn erreichte, hat sich ... wohl nicht nur als der Statthalter Ibsens gefühlt: sondern (bei aller Schlichtheit; wenigstens unbewußt) als Statthalter von Mächten, die einem sagen: ‚Sei stark. Erfülle Deine Sendung. Wanke nicht.' Nur daß er es nie in diese Worte gekleidet hätte.

So steht er da; ein stiller Bahnbrecher; um ihn schwebt etwas von helldunklen Farben ... und dunkelhellen Klängen: von den Schutzpatronen Rembrandt und Beethoven. Und wir danken ihm heute für das, was er der bestehenden Welt eingefügt hat.

VIII.

Er weiß nicht, daß wir hier versammelt sind. Wir aber wissen: daß der Mensch, der vor ein paar Wochen sprach, lächelte, einherging, ein Stück Geschichte war. (‚Geschichte' heißt ja nicht nur die Geschichte einer zurückgebliebenen Diplomatie, körperlicher Masseneingriffe: sondern auch die Geschichte menschlichen Aufstiegs durch die Kunst).

Verloren haben wir einen seltenen Menschen: gewonnen haben wir einen großen Begriff.

Der Begriff Otto Brahm wird überall dort leben, wo das Theater dieser Erde seelenhaft, ernst, groß ist.

Nicht mehr die Vorstellung einer Person: sondern die Vorstellung eines Wertes (des Wertes unverbrüchlicher Echtheit) ruht in den zwei teuren Worten (die jetzt weniger sind als sie waren, aber jetzt mehr sind, als sie waren):

Otto Brahm

Auf ewige Seiten, die nicht lügen,
Schrieb seine Hand in hehrer Schrift,
In tiefen, menschenernsten Zügen
Was uns betrifft.
Was uns betrifft.

Berlins Theaterregisseure

Porträtskizzen von Leon Schleifer

Barnowsky.

Der Ausgangspunkt, von dem er kam,
  Hiess Otto Brahm.
Sein Meister lächelt wohlgesinnt
  Vom hohen Himmelsformamint,
Und blickt auf ihn und sagt: „Mein Sohn,
  Du hast eine gute Tradition".

Robert.

Aus der Pussta kam der kühne
  Inszenator Eugen Robert,
Und er klomm auf die „Tribüne",
  Und er hat Berlin erobert.
Nur die Nebelkrähen grollen
  Doof und theoriegeschwollen:
Weil es eine Sünd' und Schand' ist,
  Dass ein Mensch auch amüsant ist.

Reinhardt.

Die Freunde Hoffmanns und seine Gegner
  Besaufen sich bei Luther & Wegner.
Die Barkarole wird gezirpt,
  Olympia tanzt, Antonia stirbt.
La-Jana-Beine. Lichtergarben.
  Novotna-Augen. Zauberfarben.
Das Ganze wird zu einer riesigen
  Anziehung für die Fremden und Hiesigen

Hilpert.

Seines Glanzes Gipfel, glaubt man,
  War der Köpenicker Hauptmann.
Häufig hat er uns erfrischt.
  Nur mit Shakespeare war es nischt.

Jessner.

Hebbeln ward' er zum Erwecker;
  Aber trotz dem hohen Ziel
Fällte ihn Minister Becker
  (Kurz bevor er selber fiel).
Halb im Schatten kämpft er jetzt —
  Lang' nicht nach Verdienst geschätzt.

Fehling.

Was ist des Fehlings Vaterland?
  Die Waterkant, die Waterkant.
Er tätigte ganz wundervoll
  Den „Blauen Boll".
Auch „Rauhnacht" und „Die Herde sucht".
  Doch „Liebelei"? . . . Verflucht, verflucht.

Hörth.

Sein Können leuchtet lichterloh
  Seit dem „Columbus" von Milhaud.
Die ungeheure Leistung weckte
  Bewunderung — nicht nur Respekt.
Als man Amerika entdeckte,
  War Hörth entdeckt.

Martin.

Man wird ihn als Athleten loben,
  (Selbst Schmeling wäre kein Ersatz).
Er hat ein ganzes Haus gehoben;
  Am Bülowplatz.

Ebert.

Der Opernintendant Karl Ebert
  Hat zweifellos Kultur und Schliff.
Was man in Darmstadt aufgestöbert,
  Ist für Berlin ein guter Griff.
Reitet er Schritt? Reitet er Trab?
  Wart's ab! Wart's ab!

K..r

Berliner Theaterregisseure 1932. Porträtskizzen von Leon Schleifer, kommentiert mit Versen von Alfred Kerr

Jessner
(1929)

Noch ein Fall Bruno Walter?

I.

Das Opfer liegt nicht — aber die Raben steigen indess nieder. Pick! pick! pick! (Vorfreude, schönste Freude.)

Rechtsblätter bringen Überschriften wie: „Jessners neuer Vertrag". (Die Gelegenheit ist günstig.) Ein deutschnationales krempelt seine Jubelstimmung in künstliche Zweifel um: „Die Hoffnungen, dass man endlich die nötigen Konsequenzen ... am Staatstheater zieht, sind selbstverständlich gering." Warum gering? „Politische Bindungen." (Diente Jessner denn einer einzigen Partei? Nicht von verschiedenen immer zugleich gezwackt? Und hat er nicht Etliches trotzdem erreicht?)

II.

Er will einen langen Vertrag, samt festem Ruhesold. Wenn in der Privatwirtschaft jemand mit Erfolg zehn Jahre gewerkt hat, kriegt er sein silbernes Essbesteck und Zulage.

Jessner, der einen Stall zu einem Tempel schuf, ... soll er die Türklinke des Tempels zum Lohn in die Hand kriegen?

III.

Was hat er in diesen zehn Jahren aus der Spottbühne gemacht. Hob er nicht die Kulturgeltung eines ganzen Staates? Soll es heissen: „Dank vom Hause Republik?"

Er war nicht billig. Aber die von ihm geschaffene Wandlung scheint kaum zu teuer bezahlt. Ach, als dies Schauspielhaus Wertloses bot, waren die Einnahmen fett. Liegt keine Lehre darin? Keine Beschwichtigung der Sparsamkeit? Jessner ... gab was für's Geld.

Seht es als „einmalige Ausgabe", nicht als Bedingung für die Zukunft an. Das Jahr der Witterungsunbilden, verderblich für jede Schauburg, ist ihm das Jahr der Vertragserneuerung. Oedipus war ein Glückspilz — gegen dieses Pech.

Der Reformator der amtlichsten deutschen Bühne darf es nicht entgelten.

IV.

Unterhaltend, was Herr Wellenkamp, ein gekränkter Theaterschreibling, in diesem Augenbick der Vertragsschwankung unternehmen ließ.

„Ogarow", sein im heutigen Russland spielendes Stück (leichtwiegendes Theater; wurstig; handwerklich; halb Wedekind-Brühe, halb Georg-Kaiser-Schmarren) sollte letztens vom Studio der Staatsbühne versorgt werden.

Aber auch da kommt es nicht heraus? Warum? Jessners Theaterstaatsverbrechen oder Staatstheaterverbrechen? Nein. Diesmal bockten die Schauspieler.

V.

Wie bei Kleist vor den Kurfürsten die Unterfeldherren: so traten sie, Müthel, Granach, Franck, jeder ein Kottwitz, vor Jessner. Sie wollten halt und wollten und wollten das Zeug nicht machen. Eingabe dienstlich überbracht. Streik.

Jessner hatte gegen eine „Kraft" von Mitte Zwanzig die Schuldigkeit getan — soweit es ging. Drüberhinaus keine Verpflichtung.

Der maulende Stückmacher ist zu verstehn: doch der Intendant (darum?!) nicht zu verbrennen.

VI.

Bruno Walter ging. Soll diese Stadt noch Einen verwandten Wertes los sein? Man überschaue den letzten Zeitabschnitt. Er bot (obgleich aller Tadel berechtigt war) einen zuvor nie gekannten Reichtum ... an großen Kapellmeistern wie Schauspielvögten.

Solche Fülle, solche Blüte (trotz jeder triftigen Einwendung): das gab es nicht in Europa noch Amerika. Berlin: Weltzentrum.

Ja, was wird, alles in allem, dieser Abschnitt einstens doch gewesen sein? Es gibt keinen Zweifel:

Das (im Ernst gesprochen) perikleische Zeitalter der Republik.

Arthur Schnitzler
(1896)

Da ich den Namen dieses Dichters niederschreibe, sinkt es wie Erinnerung still auf die Gegenwart herab. Mit leisem Zauberschlag erscheint eine schmerzlich-süsse Welt, voll traurig-schalkhafter Grazie, voll ironischer Melancholie, voll leiser, lachender Innigkeit. Sie ist von zartem Leichtsinn durchweht, von schwermütigem Zweifel umwittert, von holdem Betrug umspielt. Voll süssesten Elends und stummen Schluchzens; voll sterbender Liebesworte, voll verschollener Thränen und toter Seligkeit. Schumann mag die allgemeine Stimmung angeben; aber bei besondrem Hinhören umklingt sie in der Ferne, von Geigen gespielt eine wiegende Walzermelodie, traurig-lustig; oder auch das schmeichelnde wiener Lied vom guten Himmelsvater (zuweilen, wie wenn ein Snob Variationen darüber spielte) — es stockt und bricht ab.

Dämmernde kleine Stuben mit Blumen vor dem Fenster; schlichte Schattenrisse tauchen auf, liebe blasse Mädchengestalten, zarte, gesenkte Köpfe, lautlos öffnet ein blasser, eleganter Herr die Thür und blickt hinein mit melancholisch-witzigem, etwas müdem, aber innigem Ausdruck.

Alles flutet durcheinander: Innigkeit und Eleganz, Weichheit und Ironie, Weltstädtisches und Abseitiges, Lyrik und Feuilletonismus, Lebensraffinement und volksmässige Schlichtheit, Oesterreichertum und Halbfranzösisches, Schmerz und Spiel, Lächeln und Sterben.

Ein junger Meister, ein glücklicher Götterfreund, ordnet mit weicher, leiser, spielend vollbringender Hand die Bestandteile.

Das ist die unvergleichliche Welt Arthur Schnitzlers. [...]

Ibsens Tod
(1906)

I.

Die Zeitungsnachricht trifft ein: daß Henrik Ibsen, gebürtig aus Skien, Wikinger seines Stammes, Wegfahnder seines Berufs, kämpfend in schwarzer Rüstung, in diesen Tagen, also am 23. Mai 1906, im neunundsiebzigsten Jahre seines Alters dorthin gegangen ist, von wo er gekommen war; daß seines Wirkens ein Ende bleibt in Ewigkeit; daß alles, was wir an Blutkörpern, Gebein, Nerven, Beseeltheit zusammenfaßten unter seinem Namen, von nun an gewesen ist, in Ewigkeit.

Ein pünktlicher Germane. Er hatte zuvor den Schlußpunkt gemacht. „Epilog" schrieb er auf sein letztes Gedicht. In Schönheit sterben ist schwer (zumal für Nordländer). Aber in Ordnung sterben

— das ist ihre Schönheit. Sombart hält die Ordnung für den Grundzug der germanischen Völker; hat er nicht recht, bis in den Tod? Goethe stirbt, wie er den Schlußpunkt hinter Faust gesetzt. Richard Wagner stirbt, als das Lohengrinmotiv im Parsifal wiederkehrt und dieser zweite Ring geschlossen ist. Der Norweger Ibsen gibt im Schlußwerk den Schlußgesang eines Todgefaßten an die Erde. Schrieb nie eine Zeile mehr. Eine letzte, schwermütig strahlende Seligpreisung der entflossenen Frist ist das letzte Werk. Ein Abschied in einem tiefen Daseinsruf. Eine Abrechnung: wenn wir Toten erwachen. Dann steigt er ins Bett und in den Sarg. In Pünktlichkeit sterben!

Die letzten Worte dieses letzten Werks heißen: Pax vobiscum. Die letzte Gestalt, die er schuf: Eirene. Auf deutsch: Frieden, Frieden, Frieden.

Das Programm ist durchgeführt. Jetzt kommt die „große Stille".

In Ordnung sterben.

II.

Wer war der Mann? Ein Meister, der die Kenntnis vom Menschen erweitert hat. Und der den Ewigkeitszug in sich trug.

Er betrachtete das Verhältnis der Menschen untereinander und das Verhältnis der Menschen zur Ewigkeit; mit scheinbarer Kühle. Wie er ihren Schmerzen und Freuden gegenüberstand, schien er ein Symbol dieses empirischen Zeitalters. Er zählte zu den Gefestigten, Unerschrockenen. Er lachte und weinte nicht: er sah. Das Sehen schien primär, das Ertragen sekundär. So, in dieser größeren Gefühlsfreiheit war er ein Seelenbergmann ohnegleichen. Er stiftete für die leisen Abschattungen, für die halben dunklen Regungen, für die entgleitende Stufung ein neues Reich; das ist sein Wert als Künstler.

Man könnte zufügen, daß er nicht ein Erfinder, sondern ein Vollender war. (Selbstverständlich, daß Menschen seiner Größe meist Vollender sein müssen.) Man könnte dann wiederholen: daß Ibsens letzte Vorgänger in einem wichtigen Teil der Kunstform zwei Deutsche, Hebbel und Otto Ludwig, gewesen sind; und daß er dabei die Mathematik des Dramas stärker beherrschte als Lessing und die Franzosen, ja vermutlich der exakteste Dramentechniker aller Zeiten gewesen ist. Man könnte schließlich sein Doppelverhältnis zu Deutschen und Franzosen wieder kennzeichnen. Es bleibt offenbar, um wieviel anfängerischer Hebbel ethische Fragen behandelt; wieviel reichere Gliederung Ibsen verrät. Bei Hebbel das Dumpf-Ungeschlachte; bei Ibsen stahlfeine Siegerkraft. Hebbel zeigt mehr Verworrenes; gewiß liegt Riesengröße darin. Doch Ibsen drang zur Helligkeit; weil er sich mit Lateinern gepfropft hatte, ein Leben lang.

Noch ein Moment aus seiner Kunst. Ibsen hat das Leben und die Kämpfe dieser neu anbrechenden Zeit erfaßt und geformt. Sein Gabriel Borkmann steht in diesem Kampf, begeht die Sünden dieses Kampfs: in dem er lebenheischende Werte zum Licht schaffen will. Und er spricht das (positive) Wort: „Überfahren werden wir alle einmal, da muß man aber eben wieder aufstehen und tun, als wäre nichts gewesen"; und als Hauptfehler so eines Suchenden erscheint nicht, daß er fiel, sondern daß er nicht wieder aufstand … Ibsen hat dies und vieles andere gemalt wie in vorbildlichen Gleichnisformeln. Er war ein Formelschöpfer. Ibsen war der größte Gleichnisformer einer gewaltig unerhörten und nicht glücklichen Zeit. Er war ein Dichter für diese Menschen, nicht bloß, indem sie neue Wundertaten ringend vollführen. Sondern für die Augenblicke, da sie innehalten, stillstehen und nachdenken über die Beschaffenheit der neuen Erde; über die letzten inneren Regungen der Menschen untereinander; über das Ende dieser Milliarden Einzelepisoden; über schweigende Wünsche, zerrinnende Gesichte und nicht gelöste Fragen.

Er bleibt ein Urbild-Former in seiner Kunst, groß wie Dante; doch seine höchste Macht liegt, wie ich glaube, nicht hier, sondern im Sittlichen.

III.

Die Dramen werden eine zeitlang leben (länger als andre) — dann werden sie den Bürgern späterer Jahrhunderte fremd sein: das ist das Schicksal der Kunst. Auch der Inhalt seiner Verkündigungen wird aufhören, wahr zu sein: das ist das Schicksal der Wahrheiten. Aber was ewig ist: das ist dieser aufrechte Mut; dieses nicht beirrte Schreiten; dieser starre Kampf um das Letzte.

In unsrer Zeit — einer technisch enormen und moralisch feigen Zeit — hat Henrik Ibsen das Große: an die Gestalten des alten Testaments zu erinnern, die keine Kompromisse schlossen. Er geht wie sie in Wucht bis ans Ende, dunkel strahlend, nichts lämmchenhaft vertuschend, nichts liebselig beschönigend.

Die Ernennung des Willens zur Wahrheit ist das Hohe, das Folgenreichste, was dieser Einzige gegeben hat.

Hier weckt er seine Empfindungen; Ibsen-Empfindungen; Empfindungen von religiöser Gewalt.

IV.

Er schärfte den Willen zur Wahrheit. („Was sind Tolstois Bauerngrobheiten gegen ihn? Für Bauern gesagt; und von einem etwas künstlichen Bauern gesagt.") Ibsen sprach zu einer fortgeschrittenen Minderheit.

Er hat einmal gezeigt, wie ein Wahrheitssager auf Erden der dreizehnte bei Tisch ist und untergeht; ein anderes Mal, wie der Wahrheitssager aufrecht allein bleibt, als Stärkster. Ibsen war stark. In seiner grell und fahlen Schneebeleuchtung versinken oft menschliche Ideale; oder: Wahnbegriffe. Nichts Gutes bleibt, keine sogenannte Liebe, nichts Feststehendes, kein Ringen, das des Ringens wert ist, keine Glücksmöglicheit. Die holden Schleier fallen, und was lieblich erschien und verheißungsvoll, ist graue, kahle Selbstsucht. Ausharren, die große Stille erwarten, bleibt die letzte Zuflucht, — immerhin nach einem Leben in dieser „köstlichen, wundersamen, dieser rätselvollen Welt" ... in der etwas Bestes und Schönstes die Gesellung zweier Menschen ist.

Ja, er war ein Entgötterter: doch ein ganz-ehrlicher. Er war ein Gefestigt-Hoffnungsloser: doch eine wundersame Trostgewalt lag in seiner Feststellung des Trostlosen.

Hier stehen wir im Kampf alle. Menschen ungerecht untereinander; samt und sonders am Schlusse preisgegeben dunklen, durchaus dunklen Mächten; hier wollen wir feststellen, was ist; hier wollen wir Täuschungen verachten; hier wollen wir den Dingen ins Gesicht sehen, — nicht die Augen schließen; hier wollen wir mutig sein, mutig gehen und unterliegen!

In der Sittlichkeit dieses „Verneiners" war eine Aufwärtsstimmung von positiver Kraft.

V.

Noch der Unterschied gegen Goethe bleibt wie auf eine Formel zu bringen. Gretchen und Faust enden im christlichen Olymp; ein Akt der Begnadung erfolgt. Ibsen schloß das Lebenswerk mit einem positiven Akt der Verneinung. Keine Himmelskönigin wartet. Es kommt der Tod, im Schneedunkel. Ibsen fragt: Sind wir auf dem Wege, das Erdenreich zu errichten? Eine Lawine schneidet die Lösung ab. Er sagt nicht mehr, als er sagen kann.

Es ist die Religion der Gefestigt-Hoffnungslosen, die er gibt. Eine erschütternd tiefe und ehrliche Vorstellung aller innigsten Daseinsinteressen.

In seiner großen Wahrhaftigkeit lag seine Helferkraft.

VI.

Ich sah ihn zweimal aus der Ferne. Ich habe nie seine Stimme gehört. Ich habe nie seine Hand fassen dürfen. Bei vielen Erlebnissen aber war er nahe. Sein Kopf erschien, wenn die Natur in starren fragenden Gebilden sprach. In einer gebirgigen Vereisung, als ich sie zum erstenmal erblickte, schritt wie auf einer zerklüfteten Mondfläche das letzte Menschenpaar: Rubek und Irene. Ja, es läßt sich vorstellen, daß jemand nach dem seltsamsten Schmerz dieses Lebens, nach dem Tod eines Vaters, an Henrik Ibsen schreibt — wie gläubige Menschen sich zu einem Seelsorger aussprechen.

Denn Gestalten von seiner Kraft sind Priester für Ungläubige.

Das ist der letzte Teil ihres Wertes: Priester für Ungläubige.

VII.

Aber es kommt ja nicht darauf an, ihn zu bewerten. Sondern nur, den Leuten zu sagen, daß er gestorben ist.

Deutsche werden vor diesem Leichnam stärker bewegt sein als andere Völker. Von Deutschland empfing ihn die Welt. Von Deutschland ist sein Weg geöffnet worden. Er stammt von einer halbdeutschen Mutter. Er bleibt der Ahnherr für neues Leben in unserer Dichtung.

Darum stehen Deutsche bewegter als andere Völker an diesem Sarg. Und viele von ihnen werden, im Herzen ihres Herzens, mit Horatio sprechen: „Gute Nacht, mein Fürst."

Auch weiter? „und Engelchöre singen dich zur Ruh"? Es paßt nicht für ihn.

Menschenchöre — Menschenchöre.

Für Frank Wedekind
(1911)

Die Unterzeichneten bieten die Hand zu einem Zusammenschluß aller derer, denen das Schaffen Frank Wedekinds wert erscheint, vor einer systematischen Verdrängung aus der Öffentlichkeit bewahrt zu werden.

Ein Drittel der gesamten Produktion Wedekinds wird infolge von Polizeiverboten an keiner deutschen Bühne zur Aufführung zugelassen. Dazu gehören gerade die in künstlerischer und menschlicher Hinsicht wertvollsten Arbeiten des Dichters: „Die Büchse der Pandora", „Tod und Teufel", „Totentanz" und die Einaktertrilogie „Schloß Wetterstein".

Alle Anzeichen deuten darauf hin, daß bei der Polizei der Entschluß feststeht, den Dichter von „Frühlings Erwachen" mit seinen Überzeugungen, die er in den zwanzig Jahren nach der Niederschrift der Kindertragödie gewonnen hat, auf der Bühne nicht mehr zu Wort kommen zu lassen.

In dem Einakter „Die Zensur" hoffte Wedekind auch der Behörde gegenüber den Beweis erbracht zu haben, daß er sich über die Beziehungen zwischen Bühnenkunst und den höchsten menschlichen Werten mit allem nur erdenklichen Ernst Klarheit zu verschaffen suchte, und daß er gegenüber der Öffentlichkeit Verantwortlichkeitsgefühl genug besitze, um dem Verhängnis enthoben zu sein, bei seinem Wirken als Interpret seiner Dramen durch Polizeiverbote mundtot gemacht zu werden.

Ein Diskussionsabend, den Wedekind in München über die Themen Drama, Sittlichkeit und Theaterzensur veranstalten wollte, und zu dem die Zensurbehörde sowohl wie die Mitglieder des Münchner Zensurbeirats eingeladen worden wären, wurde von der Zensurbehörde rundweg verboten.

Frank Wedekind hat durch sein Auftreten auf der Bühne bewiesen, daß in manchen seiner dramatischen Arbeiten ein tieferer sittlicher Gehalt zu finden ist als es bei oberflächlicher Lektüre oder bei Wiedergabe der tragenden Rollen durch beliebige Berufsschauspieler den Anschein hat. Diesen Beweis zu erbringen, ist dem Dichter, soweit es seine von der Polizei verbotenen Dramen betrifft ein für allemal unmöglich gemacht. Da er nicht mehr der Jüngste ist, kann es der Polizeibehörde ein Leichtes sein, eine Interpretation dieser Werke durch den Autor vollkommen zu verhindern.

Das neuerdings in Königsberg i. Pr. erfolgte Verbot der Aufführung von „Frühlings Erwachen", sowie die Tatsache, daß in München die Rezitation von „Tod und Teufel", die früher erlaubt war, verboten wurde, lassen befürchten, daß die Polizeibehörden entschlossen sind, auch diejenigen Dramen Wedekinds allmählich von der Bühne zu verdrängen, die bis jetzt zur Aufführung freigegeben wurden.

Die Unterzeichneten gehen von der Überzeugung aus, daß das dramatische Lebenswerk Wedekinds aus Wahrheitsliebe und Schönheitsverehrung hervorgegangen ist. Die Unterzeichneten bieten die Hand zur Wahrung dieses Werkes von der ihm drohenden Erdrosselung durch Polizeigewalt, indem sie dem halb Fünfzigjährigen den Weg ebnen wollen, den er gehen muß, um sein Werk zur Geltung zu bringen.

Hermann Bahr. Friedrich Basil. Michael Georg Conrad. Lovis Corinth. Oskar Fried. Ludwig Ganghofer. Carl Hagemann. Max Halbe. Karl Henckell. Georg Hirth. Leopold Jeßner. Alfred Kerr. Max Liebermann. Heinrich Mann. Thomas Mann. Adolf Paul. Hans Pfitzner. Max Reinhardt. Arthur Schnitzler. Max Slevogt. Richard Strauß. Felix Weingartner.

Der Verlag Georg Müller in München, Josephplatz 7, ersucht alle Freunde Wedekindscher Kunst, ihre Zustimmung eventuell ihren Beitritt zu dem hiermit erfolgten Zusammenschluß bekannt zu geben. Wir bitten unsere Freunde, diesem Ersuchen sofort Folge zu leisten.

Hauptmann wird entdeckt
(1948)

I.

„Ich zählte zwanzig Jahre, Königin" ... und war eben aus Breslau, der lieben, halb rührigen, halb schlummrigen Schlesierstadt, in Berlin gelandet.

Vorher zwei Semester Altnordisch (Edda) und Mittelhochdeutsch (Walther von der Vogelweide).

In Breslau wohnten wir gegenüber vom Stadttheater. „Wallensteins Tod". Keine Vorstellung des „Don Juan" versäumt — ich trank diese Musik. „Tell" mit den Meiningern. Wagners „Ring". Oder die Patti. Oder, als Gymnasiast, ins Lobetheater am Nachmittag: Schöne Helena, Fledermaus — Schwester Annchen verriet nichts.

Soweit Rampenglück am Oderstrand.

II.

In Berlin auf Professor Erich Schmidts Germanistenkneipe den Schriftsteller Otto Brahm kennen gelernt (mit seinen Biographien von Kleist und Schiller).

Gerhart Hauptmann (um 1895)

Dieser Schweigsame gründet, 1889, die „Freie Bühne“ nach dem Vorgang des Gasbeamten André Antoine in Paris, der ein „Théâtre Libre“ geschaffen hatte.

Unter Brahms Mitgründern sind Julius Elias (Ibsenübersetzer), Paul Schlenther, ein Norweger Julius Hoffory, Fritz Mauthner und der mutige kleine Verleger aus Ungarn, S. Fischer.

Erste Vorstellung: „Gespenster“ von Ibsen.

III.

Dies war das Tiefste, das einem grünen Menschen zustossen konnte. Denn es war etwas Unnachsichtiges. Die Brust fühlte das Grund-Erschauern vor einem Ausnahmegeschöpf, das die Wahrheit sprach.

Alles war verändert. Fast alles bisher Gekannte war höflich, glatt und glänzig. Vergleiche wurden Beleidigungen.

Zwei Mark hatten einen Unterschied im Erkennen bewirkt. Der Unterschied betraf den inneren Bestand der Welt. Es war eine Scheidung für immer. Man war einfach belogen worden, sein ganzes Leben lang.

Die zwei Mark waren der ermässigte Preis für Studenten im zweiten Rang.

IV.

Bei alledem war Frau Alving eine wenig bekannte Darstellerin: Frida Schanzer. Allerdings als Gattin Hans von Bülows.

Sie hatte nicht die taktische Tragik von Schauspielerinnen: sondern einen tragischen Takt; — dem zu widersprechen niemand gewagt hätte. Es war ein Trauerfall zwischen einer Mutter und einem Parkett.

(Und ... einem zweiten Rang).

V.

Der Sohn Oswald war aus Oesterreich gekommen. Er hatte vielleicht ein Gran zuviel von einem abgestempelten Wiener — doch in dem Seelensturm, der durch das Haus ging, hätten alle die Schlucht zwischen Kritisieren und Mäkeln beinah als lästig oder belanglos gefühlt. (Das ist falsch: man soll kritisieren).

Der Name des Schauspielers klang französisch, wenn ich mich recht erinnere (es ist ja fast sechzig Jahre her). Der Mann ist mir später nicht mehr begegnet.

VI.

Der studentische Nachbar schien ebenfalls bewegt. Wir hatten nicht gesprochen. Erst beim Hinausgehn ergab sich eine Reihe von Gesprächsfetzen. Alles löste sich etwas — beim ihm zur Nachdenklichkeit; zu grösserem Gesammeltsein. Ich war noch zu behext.

Wir begleiteten einander wechselseitig nach Haus, vom Monbijouplatz nach dem höheren Norden; und zurück.

Wir stimmten politisch nicht in allem überein; (ich habe gewiss schon damals meinen Standpunkt vertreten: „Ich bin ein Individualist ... mit Gewissensbissen“).

Er selber war nur beherrscht von einer hitzigen Güte; einer militanten Güte. Es passte zu diesem Zug, dass ich nach Jahren hörte, er habe seine Stellung bei der Frankfurter Zeitung verloren, weil er für die streikenden Setzer zögerungslos Partei nahm. Beim Abschied nach den Umherwanderungen stellten wir uns einander vor. Er hiess Kurt Eisner.

Wir haben uns noch oft von der „Freien Bühne“ nach Haus begleitet. Ich fand in ihm einen menschlichen Menschen — und einen Freund.

Wir kamen dann räumlich auseinander — bis er (das war rund dreissig Jahre danach) von hinten erschossen wurde. Aber wir gingen harmonisch zur zweiten

VII.

Die zweite Vorstellung hiess „Vor Sonnenaufgang“ und war von einem unbekannten Gerhart Hauptmann — mit bewusst hartem „t“.

Eine Szene vor allem blitzt in mir auf (sie tat es in der Zwischenzeit öfter); selbst mein Ohr hielt die fast erschreckenden Geräusche fast. Der Held, junger Weltbesserer, steht hier vor einem Geschäftsmann. Und der Dichter hatte beide so kennzeichnend gemalt, dass die Hörerschaft nicht umhin konnte, den wurstigen Durchschnittler mit gewitterstarkem Beifall zu belohnen. (hat ihn nicht Kadelburg gespielt?) Das Haus raste.

Ich sah nicht das losgelassene Banausentum: sondern die Gestaltung eines Dramatikers.

Das Parkett gab durch diesen Ausbruch dem Neuling eine Quittung seines Könnens; obgleich nicht in guter Absicht.

VIII.

Der zweite Zwischenfall war handfester.

Mancher hatte das Buch gelesen. Das Ländlich-Schändliche des schlesischen Dorfs machte vor einer Entbindung nicht Halt. Derlei soll vorkommen. Heut führt Hans Henny Jahnn äusserst seltsame Dinge gern in Familien ein — was ist hiergegen ein zahmes Bisserl Entbindung?

Für alle Fälle hatte sich damals ein Arzt, sonst redlichen Gemüts, Kastan hiess er, mit einer Geburtszange versehn und hisste sie über dem Orchester genau an der zuständigen Stelle.

Auch dieser Augenblick war mit Geräusch verbunden.

Er ging vorüber.

Denn die Partisanen einer neuen Kraft liessen sich ihr Glück nicht verleiden, verlästern, verleumden. Sie liessen auch hold verlorene Liebesworte nicht ungegrüsst. Es war ein Gefühl kämpferischen Bewußtseins: hier ist jemand, dem zu kämpfen lohnt. Es war einer da.

IX.

Dreiundzwanzig Jahre später, als Hauptmann seinen fünfzigsten Geburtstag beging (wir zwei waren längst Freunde geworden), erinnerten wir uns an jene Morgenvorstellung der „Freien Bühne“, da Gerharts Stern durch's Dunkel stieg...

An ihm erleuchtete die Nacht sich,
Begrüsst von einer kleinen Schar;
Das war im Jahre neunundachtzig —
Mir ist, als ob es gestern war.

Otto Brahm stand jetzt vor dem Sterben. Er ging im selben Monat.

Zwischen den dreiundzwanzig Jahren lagen Werke wie die Weber, Hannele, Florian Geyer, Michael Kramer, ...

X.

Ich ging mit Hauptmann diese lange Zeit auf einem Doppelweg: mit innigem Gefühl — und bedenkenloser Härte. Aber das betraf nur sein Arbeiten nicht sein Verhalten. Nur sein Schaffen: nicht sein Leben. Bloss an ebendiesem Geburtstag hielt ich eine Geburtstagskomik, Vereinskomik, Spiesserkomik für anfechtbar. Das Gebot andrer

Freunde hiess: den Mund halten. „Eingesetzt aber ist man", schrieb ich, „ihn sich zu verbrühen". Ich gab es ihm als Geburtstagsgruss.

Nur dies eine Mal schwante mir etwas von der Möglichkeit einer Entwurzelung. Es war dies lächerliche Nachgeben, damals, vor dem „blassen Bürgerkönigtum".

XI.

Er hatte mich damals beschwichtigt. Das war 1912. Es war noch nicht 1933. Ich hatte geglaubt, dass „mich von ihm nichts trennen kann". Ich irrt.

Damals war er fünfzig. Noch einundzwanzig Jahre, und der Dichter des Florian Geyer hat „zu Hitler Ja gesagt". Dies Ja ist sein Wortlaut. („Ein brennendes Recht floß durch sein Herz" — schrieb er in dem Geyerstück).

Dies alles ist ein so tiefes Trauerspiel wie der Florian Geyer.

Schön, dass Hauptmann vor sechzig Jahren entdeckt wurde. Doch minder schön, dass er zweimal entdeckt wurde.

XII.

Postscriptum. — Ich überlese diese Zeilen — und finde sie hart. Nicht zu hart. Vielleicht ungerecht vom Standpunkt der Freunde, die über mildernde Tatsachen im einzelnen unterrichtet sind.

Ich selbst kann für Gerhart Hauptmann diese Verteidigung nicht in Anspruch nehmen. Er war mir viel zu teuer.

In einem seiner Dramen fragt ein sterbendes Kind: „Gibt es Sünden, die nicht vergeben werden?"

Für diesen grossen deutschen Dichter heisst meine Antwort: „Jawohl, Hannele".

Kleines Theater: „Nachtasyl". Von Maxim Gorki. (1903)

I.

Wenn man ehrlich sein soll (und warum sollte man es nicht) — ich finde dieses seltsam dunkelfarbige Werk nicht so bedeutsam durch das, was es bietet, sondern durch das, was der Autor bieten könnte. Man fühlt eine Kraft; aber man gewahrt ihr Vorhandensein mehr, als daß man gewahrte, wie sie zu einer Leistung umgesetzt ist. Kurz: man hat starke Eindrücke von einem Manne, der etwas in sich trägt; nicht so sehr von dem Werk, das er hier gegeben hat.

Darüber soll der Enthusiasmus nicht täuschen, der mit Recht und Fug am Aufführungsabend herrschte. Die Aufführung selbst; die Wahl eines solchen Dramas; die beengte Stätte, an der es so wundervoll dargestellt wurde; der starke Hauch von willigem Künstlerthum in der Hörerschaft, die jeden Augenblick gern bereit war, das Äußerste mitzumachen und alle Absichten zu begreifen: dies zusammen ist eine kaum vergeßbare Erinnerung. Aber wenn wir hinabsteigen auf den Grund unserer Seele: in dieser Stimmung war mehr ein allgemeines Begeistertsein für die Kunst als eine Hingerissenheit vor diesem Kunstwerk. Ich empfand etwa: es ist herrlich Versuche zu machen, Ernst zu haben, kühn zu sein, spröde Meisterwerke zu spielen. Ich empfand aber nicht: das hier ist ein Meisterwerk. Drittens jedoch empfand ich: sein Verfasser könnte morgen eins schreiben.

II.

Er malt nur ... les derniers des derniers. Nur Verbrecher, Entgleiste, Kränkste, Dunkelste. Ich dachte: es betrifft nicht dich; du gehörst nicht dazu; deine Sorgen sind andere Sorgen. Altruistisch gestimmt ist man nicht immerfort; es bildet höchstens einen Bruchteil meiner Gefühle. In den Webern geht man stärker mit, weil unsere „Schuld" gegen die Besitzlosen berührt wird; weil Hauptmann sagt: „Diese Leute hungern, weil Ihr sie so kurz haltet; weil die Arbeit schlecht bezahlt wird." Bei Gorki arbeitet überhaupt niemand; (außer einem unbeliebten Tischler); und selbst die „Ausbeuter", der Wirth und die Wirthin, sind armseligste Schlucker, Dunkelste, Verkommenste. Die Besitzenden fehlen. Also der kategorische Imperativ tritt nicht so unmittelbar vor uns, — die wir etwas mehr Seife und etwas mehr Essen haben. Man spürt nicht gleich die Beziehung zu uns.

Natürlich ist sie trotzdem vorhanden. Gorki sagt: so geht es auf dem Planeten zu, den du bewohnst! Er sagt: so geht es vielen dir gleichgearteten Geschöpfen. Er sagt endlich: auch sie haben ihre Philosophie; glaube nicht etwa, daß du allein —. Und diesen letzten Punkt äußert er mit besonderem Nachdruck. Ein Kritiker hat darum, in Erkenntniß der zweifellosen Abhängigkeit von den Webern (denn Gorki nimmt sein Bestes von Hauptmann, vor allem den Aufbau, das allmähliche Vorschieben der Personen) — ein Kritiker hat darum geschrieben: Hauptmann predige fleischliche Sättigung, der Russe predige den Geist. Es klingt wie eine Belobigung des Russen auf Kosten des Deutschen. Wenn aber Julius Hart dem Gorki so mißwollend gegenüberstände wie dem Hauptmann, dann könnte man gewiß Folgendes lesen: der eine Dichter läßt allerhand philosophisches Zeug sprechen, seine Armen triefen von Reflexionen, machen Raisonnements; der andre Dichter jedoch gibt mit eherner Schlichtheit, ohne Gerede bloß die dira necessitas, die sie treibt... Ich will Hans heißen, wenn es anders wäre.

III.

Gorki bietet sonach: die Untersten mit Philosophie. Der Kritiker wird sich in Acht nehmen und schreiben, er sei ein Berthold Auerbach des sechsten Standes. Der Ausdruck wäre viel zu hart.

Immerhin: Gorki badet seine Leute in „Gedanken". Er gibt die gestammelte Geistreichelei des Hungernaturalismus, das Feuilleton des Analphabeten. Wer scharf ist, könnte rufen: er ist der Dumas *fils* der Verwahrlausten. Alles wird sicherlich verbrämt durch „Rußland", will sagen durch die Exotik eines räthselvollen Landes, durch die ungehobelte Ausdrucksform, durch biblische Anklänge, — immerhin...

Gorki schwelgt und schlemmt im Elend, das Wasser im Munde läuft ihm zusammen. Man merkt auch das Demonstrative „da-ist-Technik"; er scheint zu sagen: „Da ist erstens ..., da ist zweitens ..., da ist weiterhin ..." Gorki ruft: Wir befinden uns in einem Nachtasyl, da ist der indifferente Faulpelz, da ist der kühne Verbrecher, da ist die sterbende Frau, da ist der degenerirte Adlige, da ist der Tatarenfürst, da ist die Dirne, da ist der verkommene Schauspieler, welch ein Durcheinander gibt das — (sagt er). Gorki ist ein wundervoller Darsteller, auf Hauptmann's Schultern stehend in dem Versuch und der Art eine Fülle von Gestalten zu zeichnen — aber es ist Feuilleton darin. Er streift die Trivialität so gewiß mit dem Ärmel, so gewiß er kein Trivialer ist. Er gibt Naheliegendes oft sehr auf dem Präsentirbrett. Am erschütterndsten war für mich die Erzählung des Adligen, wie er, gleichsam im Traumzustand, von Stufe zu Stufe sank; wie ihm das ganze Leben mit den täglichen Verrichtungen im Halbschlaf vorbeigezogen ist. Er weiß nicht, wieso alles kam, er schildert die Etappen. Erschütternd; aber er schließt jedesmal mit dem Feuilletonrefrain: „Wie? keine Ahnung!" Ich hätte diese Wiederholung gern vermißt. Oder der Schauspieler sagt, man kenne seinen Namen nicht, er lebe hier als ein Namenloser, — da wird auf die soeben Gestorbene hingewiesen: auch sie sei jetzt eine ... Namenlose. Weiter. Der Schauspieler soll einige Strophen deklamiren, doch sie fallen ihm nicht ein; nach kurzer Zeit stürzt er zurück in das Zimmer und deklamirt sie, — ohne zu bemerken, daß ... niemand im Zimmer ist, bloß ein halbes Kind, das lächelt. Wir kennen ähnliche Wirkungen allzugut. Die Dirne ergeht sich rührend zu ihrem Trost in schönfärberischen Romanerzählungen — und immer ist die Erschütterung mit leiser Feuilletontrivialität verkoppelt. Im Augenblick der höchsten allgemeinen Erregung springt auch ein harmonikaspielender Narr wieder ins Zimmer, auf den Tisch, und spielt, während der Tod dräut, lustige Weisen. Das Epigramm lugt überall durch. Weiß der Leser, wie des Stückes wahrer Titel im Russischen ist? Nicht „Nachtasyl". Sondern weit dicker, weit hinweisender: „Aus den Tiefen des Lebens."

IV.

Gorki hat zwei Räsonneure: den alten Pilger Luka; im letzten Aufzug einen gewissen Satin. Sie scheinen abweichende Dinge zu predigen. Predigen: denn ich glaube nicht, daß der Schlußakt nur ironisch vom Dichter gemeint ist. In diesem Schlußakt kommt plötzlich Herrenmoral auf. Satin erklärt den übrigen: sie alle miteinander dienten nur dazu, einen einzelnen Tüchtigen in gewissen Zeiträumen hervorzubringen; sie seien der humus, worauf ein kommender Mann wachse. Das ist neu; ein Gedanke, den der erste Räsonneur nicht verkündet hat; er steht am Schluß ... und erklingt mit voller Kraft, wie eine Überzeugung nicht bloß des Satin, sondern des Gorki.

Vorher ist von Luka liebreiches Handeln gepredigt worden, auch: man solle sich fügen, heiter sein, in jedem Lebenden „den Menschen respektiren"; ferner: der Glaube mache selig, gleichviel ob das Geglaubte wahr ist; ferner: man solle sich vor Gewaltsamkeit, vor Eingriffen und vor der Zeugenaussage hüten. Luka selber drückt sich im entscheidenden Moment hiervon. Da er weg ist, scheint es zuerst, als hätten seine Lehren gefruchtet; dann wieder, als hätten sie nicht gefruchtet, als käme der alte Schlendrian, das Zurücksinken nach der Erhebung. Man denkt an die Fischpredigt des heiligen Antonius. Tatsächlich hat der Pilger niemanden gefördert: Waskja, der starke Dieb, kam vor Beginn des neuen Wandels ins Loch, wegen Gewalttätigkeit; und der Schauspieler hängt sich nun statt des neuen Wandels an einer Laterne auf. Also: glaubt Gorki an die Möglichkeit des Aufschwungs oder nicht? Solange Luka spricht (er ist der Vice-Gorki) scheint er es zu glauben; wenn Luka nicht mehr spricht, scheint er es nicht zu glauben. Und dann plötzlich wird von einem anderen Nietzschemoral pure sang verkündet: die Masse sei wegen des einzelnen Starken da. Ich wußte mich bei der Aufführung hier nicht zurechtzufinden. Die zweite Lehre scheint mit der ersten durch keine Brücke recht verbunden. Die zweite scheint angeklebt.

... Das Werk ist für mich ein Gemenge; ein reiches, höchst fesselndes, mattbunt gefärbtes, das einen Widerschein vom Lebensbraus der Tiefe gibt. Eine „Lebenssache", fast etwas zu absichtlich, als Lebenssache angelegt. Im Innerlich-Malerischen, in dem allgemeinen Hauch liegt ihr Bestes. Wir können von Gorki mancherlei erwarten, doch wir brauchen dieses Stück mit seinem Naheliegend-Epigrammatischen nicht zu überschätzen.

Die Darstellung im Kleinen Theater war schlechtweg begeisternd. Nur große Liebe, Kraft des Zugreifens und Ernst des Vollendens bringt das zuwege. Dieses Haus, geleitet von Max Reinhardt, ist heute für die Förderung dramatischer Dinge der edelste Ort — inmitten so vieler Geschäftsbetriebe.

„Frühlings Erwachen"
Erstaufführung in den Kammerspielen
(1906)

I.

Drei Lustren lang hat Max Halbes Drama „Jugend" als Trauerspiel jungen Sinnendranges gegolten. Jetzt wird man das tiefere Trauerspiel jüngeren Sinnendranges kennenlernen. Ich will nicht den einen durch den anderen totschlagen: aber Wedekinds Schuld ist es, wenn Halbes Dichtung (mit ihrem schönen ersten Akt) vollends einen Stich ins Marlitterarische bekommt. Ich finde hier bei Wedekind, wie immer, Abersinniges und (wenn seine Leitung stockt) Dilettantisches. Auch wenn sie nicht stockt ...

Daneben fast Shakespearesche Züge; und Züge, die eine Verwandtschaft mit dem deutschen Gretchen-Dichter zeigen. Gymnasiasten und vierzehnjährige Schulmädel erfahren, bei aller Naivität des Dichters, das, was jener Doktor und jenes Bürgerkind erfuhren. Und was, *mutatis mutandis,* in allen Fällen derselbe Fall ist. Ein Hauch schwebt über diesem Werk eines Leichtsinnigen, Torkelnden, Schludernden; ein Hauch, der die Grundmauer des Daseins anweht; Faustulus und Gretelchen; es sind kleine Faustusse der Pubertät, die hier erobern und schuldig werden und dennoch schuldlos untergehen. Oder sich still beiseite bringen, vor den Kopf gehaun von dem großen Rätsel des Geschlechtlichen. Oder quickvergnügt weiterleben, bis sie achtzig Jahre sein werden...

Wundervoll bleibt es, wie in die Mannesregungen dieser Buben das Geistige verflochten ist; Fragen, die kein Achtziger mit besserer Klugheit stellen kann, wie unser Leben schon ist. Faustulusse der Pubertät, denen die Schularbeit, Mittelamerika und Ludwig der Fünfzehnte und der deutsche Aufsatz zwischendurch, immer peitschend im Rücken sitzt. Wundervoll: wie der Faustulus, der über sein Gretelchen auf dem Heuschober herfällt, noch in diesem Augenblick, wirklich frei von Pose, dem Mädel zuraunt: es gebe gar keine Liebe, er wisse, daß alles doch Selbstsucht sei. „Ich liebe so wenig, wie du mich liebst." Die Vierzehnjährige erwidert hierauf ... was die Gretelchen zu erwidern pflegen: „ —— Nicht! —— Nicht Melchior! ——Melchior ruft sie noch einmal beim Namen. Sie antwortet: „O Melchior! —— nicht —— nicht."

II.

Die Selbstmordnähe der gesteigerten frühen Welt dieser Geschlechtsreife dämmert auf. Skurrile und lyrische Vettern und Basen sind alle der dunklen, dahingegangenen Hedwig Ekdal; Hedwig sollte nur ein Tier schlachten, eine Wildente, um einen Vater zu retten; und sie sprach mit einem Heiland, welcher der Dreizehnte bei Tisch war — sinnenfern: denn sie stammt eben doch von einem nordischen Halbpuritaner. Bei Wedekind, der in mattbunten Farben das Dasein zeichnet, wird kein ethisches Opfer gebracht, nur das ungewollte des eigenen Lebens um des grünen, schwärenden, geheimnisvollen Sinnendranges willen. Seine Leute lockt statt der sittlichen Forderung ein eingeborener Trieb; etwas Urtümliches. Kinder, die schuldig werden, die schuldlos untergehen, die sich still beseitigen, die quickvergnügt weiterleben ... Dazwischen eine Verlorene, die taumelig weiterlebt, solange sie kann, Ilse ...

Elend, Jammer wie in der Gretchen-Tragödie. Das Elend, der Jammer, dann die Todesnacht der Kinder. Die Tragik der ersten

Geschlechtswallung. Es ist ein Vorschmack des Daseins für grüne Seelen; auch für allzu trasch Vollendete, die noch zwischen den Pfosten der Pforte, durch die sie erst eintreten sollten, in einem zusammendrängenden Augenblick hundert Jahre alt wurden. Und dahingingen …

Hinterher: verstorbene Kinder, die mit den lebenden verkehren. „In den Wohnhäusern kauern wir am Kamin und hinter den Bettvorhängen“ … Kinder (das ist: Einsame …) verkehren mit den Seelen anderer Kinder, in Trauer und guter Kameradschaft, und es ist ganz und gar glaublich, als ob erst kein übersinnlicher Zustand einträte … Kinder haben sich ja noch nicht so weit entfernt von dem, was vor unserem Bewußtsein lag, vor dieser Welt des Begreifens, Kinder sind noch der Eingangsschwelle näher. Es ist fast natürlich, wenn Lechi Gabor, der Liebesfaustulus, mit seinem erschossenen Klassenfreund ein Gespräch auf dem Friedhof abhält. Beide, der da atmet wie der bleich ist, scheinen fern von unsrer erwachsenen und aktiven Welt, — die wir später eine Zeit lang durchzumachen haben. Bis wir zurückfallen in den Stand erneuter Kindschaft, der Verkalkung, bis wir alte Blödiane werden, Plagen für Kinder, Schulmeister, mit Verbiesterung ohne Sinnlichkeit, mit Verdummung ohne Holdheit, mit Tyrannei ohne so umwälzenden Erkenntnisdrang. Oder wir werden Eltern voll beschränkter Liebe … voll freundlicher Korrektheit …

Und da unten sind die Faustulusse und die Hamletinos. Ringer, die dem Leben erliegen, noch vor dem Leben.

III.

Nicht dieses Werk war von der Zensur freigegeben worden, wie eine Notiz meldete; sondern ein Teil dieses Werks. Allerhand war verändert. Daß man Hänschen Rilows einsames Gespräch weglassen mußte — er ist der sich Durchfrettende, der einmal die Bilder seiner Flammen in einen Abgrund versenkt, ein *genius Loci* — daß dieser Humor wegfallen mußte, war schade. Statt eines Auftritts, in dem Faustulus Gretchen verhaut, um nicht zu erliegen, war etwas Sentimentales eingeschoben, was das Paar versüßlichte (statt alles in einem nichtwissenden Zustand körperlichen Erwachens zu zeigen). War es eine Wedekindsche Furcht vor der Zensur? War es Rücksicht auf die Wohlerziehung der Abonnementshörer? (Denn die Abonnenten hassen das Gebild von seiner Hand.) Ich weiß es nicht. Weggefallen war leider auch das reizende Gespräch zweier Jungen im Rebengelände.

Warum? Es scheint nötig als ein Gegenstück zu aller Tragik: zwei Lümmelchen, die Gott einen guten Mann sein lassen, ziemlich heil davonkommen und Weintrauben essen, bis die Kaldaune kracht. (Ich finde, daß Reinhardt, der neulich bei Shakespeare ein köstliches Mittelglied strich, eine natürliche Begabung zum Fortlassen des Wichtigen besitzt.)

Im übrigen aber wird ihm hier stets als Verdienst angerechnet werden, daß er sich an diesem Werk versucht hat. Schön war, daß er es tat; nicht so sehr, wie er es tat. Ich sah eine vielfach flüchtig zurechtgemachte Darstellung ... Bei Wedekind gilt es eine Technik der Linie zu finden. Sie schien bloß an etlichen Punkten getroffen. Ich nenne die Szene mit dem Medizinalrat; sie schwankte vorzüglich zwischen dem Ernst und dem Ulk, dessen Zwischenlinie wie die Lebenslinie dieses Dichters erscheint. Der Stil des Ganzen hätte (Walsers oft schöne Bühnenbilder beiseite gelassen) nicht nach der Moritat und dem Bilderbuch hinneigen sollen — es gab als Hintergründe manchmal Rouleaus, unten mit einer runden Holzstange — das Ganze hätte weniger auf Moritat gestellt sein müssen als auf Phantastik; auf phantastische Züge junger Seelen ... Gerade wo dieser Zug des Dichters vortritt, am Schluß auf dem Kirchhof, da versagte die Regie. Es wird aus diesem oft lallenden Werk eines geniehaften Menschen der Kern erst noch herauszuholen sein.

Von den Darstellern hat Moissi den stärksten Eindruck auf mich gemacht; er gab den kleinen Geschlechtshamlet, der sich erschießt, prachtvoll ... bis zu diesem Zeitpunkt, auch er versagte dann auf dem Kirchhof, nach seinem Tode, — wie denn dieser Schluß völlig ins Wasser fiel.

Camilla Eibenschütz war hold als Gretelchen. Die kindhaften Bewegungen erschienen nicht als Kurzes-Kleidchen-Getue, sondern wirkten meistens echt, — bis in einer Hauptszene mit der Mutter leider die zwanzigjährige Klugheit einer Gereifteren durchbrach ... Bernhard von Jacobi, der Faustulus, gab nur seine Jugend: aber nicht, was sie barg.

Wedekind selber machte den vermummten Herrn, will sagen: einen Teufel im Zylinderhut. Zwar mit einer Neigung nach dem Stadttheater-Intriganten, die er ... wohl nicht annimmt, sondern hat. Doch er war in dieser Rolle etwas, das einem Teil seiner Dichtung, die selber zwischen Schrecken und Parodie schwebt, entsprochen hat.

… Nur ist es in der Dichtung bewußt, willkürlich — und in seiner Schauspielerei schien es wie etwas, wofür er nichts kann: wie eine Mangelhaftigkeit.

Gerhart Hauptmann: „Vor Sonnenaufgang“ Gedenkaufführung im Lessing-Theater (1909)

I.

Anno dazumal waren wir kaum losgelassen in die freie Welt; ahnungsvoll; frech; mit der hohen Liebe für ein Mädchen und der Brunst für eine Kellnerin; voller Wünsche für die Erdentwicklung; und saßen im zweiten Rang. Wir fühlten einen Dichter sich auf Deutschland herniederlassen. Durch Brahm und seinen Hinweis war man auf das Buch gekommen: das man verschlang vor der Aufführung; und worauf man in sein Tagebuch schrieb: „Das ist er.“ Es läßt sich nur einmal ausdrücken oder gar nicht.

Freiheit und Frühling. Alle guten Geister führten ihn herauf. Seine tiefe Landkraft war vom Ewigkeitszug umleuchtet. Nicht etwa das Holde zwischen einem gewissen Alfred Loth und einer gewissen Helene, so tief es sang, gab den Ausschlag. Sondern das andere, das im Winde winkend wehte. Freiheit! Freiheit! Freiheit! Es sollte vorüber sein, bei uns, mit dem Leeren und Spießigen; mit dem Hinwegtasten von dem, was für das Innerste ganzer Menschen bewegend war. Hier stand ein Deutscher; einer, der etwas öffnete. Nicht bloß mit der Absicht; wie etliche (nicht unedle) Vorgänger: sondern mit der Hand — mit der Hand …

Einer, der nicht bloß Schönheit — sondern vor allem ein Paroli gab.

Ein Kerl. Ein Umstrahlter. Und ein menschlicher Mensch.

… Abwehr schnob durch den Saal. Die Bürger schäumten. Oben standen wir auf und riefen: „Maul halten …!!“

Und ich schrieb: „Hauptmann! … Hauptmann! …“

II.

Ich weiß heute, was Grobes in diesem Stück ist; was Jugendliches an ihm haftet; was es an Dingen äußert, wie wir bloß im Vorbeigehn aussprechen; was an Dingen, die wir nicht mehr sagen. Ich weiß.

Unschwer festzustellen, daß die feine Familie, die jetzt etwa Forain mit zehn Strichen und einem Lächeln zeichnet, tragisch und dickdeutlich überlastet wird; schwarz auf schwarz gehäuft; (der Dichter geniert sich nicht); ich weiß. Aber ich weiß auch: daß so einfache, so kindhafte, so urtümliche Menschenworte wie das eines Apostels, eines Siedemeistersohnes, der sich rings umsieht, die Welt zum erstenmal betrachtet und spricht: „Frevel über Frevel!" — daß dergleichen nur von einem Genius stammt.

III.

Ich will bei diesem Zug stehenbleiben. Ein Bild steigt auf: Karl der Fünfte, wie die Geschichtsschreiber glauben, hätte zu einem bestimmten Zeitpunkt, Spanien lassend und Sonstiges, ein seltsam großes Reich gründen; in ihm herrschen können; ein niederdeutsches; ein unzerstückelt einiges Land, an Stelle der vielen heut: ein herrliches, gleichredendes von Rußland bis nach Flandern ... Hauptmann hätte die Linie wahren können, die mit „Frevel über Frevel!" beginnt; so von diesem Werk zu dem „Weber"-Werk führt; so von den „Webern" zu dem „Geyer"-Stück führt. Er hätte damit ein „der ganzen Menschheit Zugeteilter" ... und hier zugleich ein großer volksdeutscher Dichter von ungekannter Beschaffenheit werden können; ein großer volksdeutscher Schöpfer vorgerückter Tage: so daß nur, wie ein wundersames *accedens,* die tiefen Kammermusiken von Michael Kramers Art unter der Hand für uns wenige hinzugekommen wären. Die tiefen Kammermusiken; neben Symphonien, welche dieser, soweit das Auge blickt, einzige Beethoven-Vetter geschaffen hat. Die Märchen und die Mythen, meinetwegen; wieder für andere. Doch der große Grundriß wäre geblieben: Frevel über Frevel — bis zu der Aufwärtsstimmung der bäurischen Bruderschaft der schwarzen Geyer, und von hier bis zu dem Stück, das er ...

Und von hier bis zu dem Stück, das er noch heute schreiben kann.

Das er nach allem Gesabber der Gegner, nach Steinwürfen von Freundeshand, noch schreiben kann; wenn er sich auf das lachendste Wort des vergangenen dunklen Tonsetzers R. Schumann, auf mein Lieblingswort besinnt: „Neue kühne Melodien sollst du erfinden."

(Von seinem Entschluß hängt es ab: ein deutscher Prophet für die Welt zu sein.

Frevel über Frevel! ... Und alle Holdheiten. Und alle Hoffnungen.)

IV.

Es ist beinahe gleichgültig, ob die ... Einstudierung des ersten Stücks wirklich vollendet war. Sie war es nicht. Wir sind anderes in diesem Hause gewöhnt. Immerhin: sie kam aus diesem Hause.

Es gab so zwischendurch Züge (bei Sauer; er war der untergetauchte Doktor, der Schimmelpfennig) — Züge, die bloß hier, nicht bei diesem Künstler, sondern bei diesem Künstler *plus* Brahm, möglich sind. Und er bot eine Seitengestalt.

Fräulein Herterich hing an den Augen des Apostels, der „Frevel über Frevel!" spricht. Ich weiß, daß ihre Sprechart Fremdes hat; hoffentlich von der süddeutschen Provinz, hoffentlich nicht vom Schauspielunterricht; aber neben alledem ist mir, als ob man ihr die Hand, als ob man ihr die Hand drücken müßte.

Herr Monnard ... wenn er leidend ist: ja. Wenn er tätig ist, wenn er wach sein soll: dann ist er fast tonlos. Er wirkt als ein Anfang. Ich merke, wie diese Umgebung zweite Perioden in ihm entwickelt. Ich glaube, daß er werden wird.

(Aber jeden deutschen Schauspieler, auch einen Apostel, wenn er den Hut mit der Öffnung noch einmal nach unten auf den Tisch legt, will ich brandmarken. Selbst in einer Laube. Dies unter der Hand. Es giftet mich.)

Reicher. Prachtvoll als verdienender Zeitgenosse; wenn er auch nicht Hoffmann hieß, sondern Löwenstein.

Köstlich noch die Diener und Mägde dieses Hauses; und Sie, lieber Beibst: Arbeitsmann auf dem Gut; alter Paul Pauli; wie geht's immer noch? ... Von den Schauspielern damals ist sehr stark im Gedächtnis besonders Kadelburg; in Reichers Rolle; damals glänzend. Und, vor allem, die Else ... Die Else.

V.

Wichtiger als die Gedenkvorstellung sind solche, die Brahm (Otto) bis zu ihr gegeben hat. Er, dieser Einzelne, dieser Mann, ist nämlich die „Freie Bühne".

Er feiert das Gedenken.

Als der deutsche Schöpfer eines europäischen Schauspiels. Als der tiefste Bahnbrecher seit hundert Jahren. Als welcher das Neue dem Publikum wie etwas Feindliches aufgezwungen hat. Als welcher Ballungen des Bedeutenden gab und ein Riesenwerk im Kugelregen. Das einzig Ernste, Kühne, Zähe, Große seit Geschlechtern und Geschlechtern.

Ich muß bisweilen schmunzelnd betonen, wann bei uns an die Stelle des Kampfes die Reklame tritt; an die Stelle des Aufruhrs die talentvolle Gefälligkeit...

Und was den ... Vorwurf des Naturalismus angeht, so will ich aus dem Buch „Das neue Drama" folgendes zitieren:

Naturalismus ist nicht ein besonderes Dichtungsgebiet, vielmehr etwas aller dramatischen Dichtung Gemeinsames.

Die Lyrik ergibt sich an einem Punkte der Handlung — die Gestalten dieser Handlung müssen aber naturalistisch geschaffen sein, auch wenn sie Flügel hätten; auch wenn die Handlung phantastisch wäre. ... Und das Ergreifende hat um so stärkere Macht, je naturalistischer, je menschennäher, je erdenvoller sie sind — auch mit Flügeln.

Ecco.

„Wilhelm Tell"
Schauspielhaus
(1919)

I.

Und neues Leben blüht aus den Ruinen. Wir haben ein ernstes Theater mehr.

Auch einen Theaterskandal mehr — denn dunkle Herrschaften waren erpicht, die Versammlung zu sprengen. Es müssen keine bezahlten Macher gewesen sein. Vielleicht Stammgäste des alten Hauses, kitschgewohnt ... die wehrten sich gegen das Gute. (Monarchisten der Kunst.)

Die Parkettgäste riefen gegen sie hundertstimmig: „Raus!!!" Und Bassermann, obschon das Gute nicht immer von ihm kam, hatte recht, wenn er die planmäßige Störung derb zurückwies.

II.

Sie wehrten sich gegen das Gute. Jessner hat in dieses Haus einen neuen Geist, will sagen: einen menschlichen Ton gebracht — nach so kurzer Frist. Nicht zum Wiedererkennen! Zwar die Stufen, womit er seine Andeutungsbühne schmückt, rechts und links und in der Mitte sind anfechtbar. Aber die Stufungen im gesprochenen Wort sind wertvoll.

Warum Treppen? Warum immer dieselben Treppen auch mitten in der Wohnung? So steingehauene Regelmäßigkeiten passen für die „Braut von Messina“. Hier wird ja das Rütli zum Kapitol. Hier erlebt man eine stilisierte Schweiz: eine naturlose Schweiz; eine begriffliche Schweiz; nicht eine greifbare Schweiz. Die Schiller-Schweiz ist aber greifbar.

Immerhin: die Leute reden jetzt wie Menschen. Früher war alles umgekehrt: die Landschaft war echt und die Menschen unecht. Dann schon lieber so wie heut!

III.

Im einzelnen wurden Kraußneck und Kortner der stärkste Gewinn des Abends. Dieser Attinghausen ging durch die Welt und aus der Welt mit dem Klang, dem Blick eines Erfahrenen, Gütig-Wissenden, Echten. Herrlich.

Kortner versetzte dem Landvogt Shakespeare-Züge. Das war ein Sadist. Ein anderer Richard. Ein Zukurzgekommener, der sich rächt. Mit Orgiasmus in der Grausamkeit. Bei alledem keine Filmgestalt: sondern eine medizinische.

Wundervoll. Aus einem Stück.

IV.

War Wilhelm Bassermann-Tell aus einem Stück? Er braucht es nicht zu sein. Auch ein Älpler ist zusammengesetzt ... Bassermann war mehr ein sonniger Familienmensch. Mehr ein behender Mensch. Mehr ein zwischendurch bedächtiger Mensch. Auch läßt jenes Erregtsein, das die Folge des wüsten Lärms war, bloß Vermutungen über manches in seinen Absichten zu. Fest steht, daß der weißblonde Schopf ihm etwas ungewollt Greisenhaftes gab. Und daß er an den Stellen der stärksten Empfindung nicht einfach warmes Blut zeigte ... sondern allerhand Angelegtes, Vorgehabtes, klug Hergerichtetes.

Melchthal, nämlich Herr Theodor Becker, war ein romantischer, siedehitziger Gaisbub — wenn auch mit künstlich deutschem Haar.

Ich blieb nicht bis zum Schluß: Schiller selbst hat ja für Weimar die Parricida-Szene gestrichen, — (freilich tat es der „Räuber“-Poet aus Rücksicht auf die russische Großfürstin, die nicht an die Ermordung eines Zaren erinnert sein sollte).

Wichtiger als die Einzelgestalten sämtlich blieb die Hand, die sie zusammenhielt. Es gibt ein ernstes Theater mehr. Ihr könnt es nicht niederschreien.

Die Dreigroschenoper
Schiffbauerdamm.
(1928)

I.

Nach dem Englischen des John Gay ... Eingelegte Balladen von François Villon und Rudyard Kipling ... Übersetzung: Elisabeth Hauptmann ... Bearbeitung: Brecht ... Musik: Kurt Weill ... Regie: Erich Engel ... Bühnenbild: Caspar Neher ... Das wär' aber auch alles.

II.

Kaum heimgekehrt, bewundert man als Provinzler das Theater von Berlin; mit Recht.

Wie das klappt. Wie Erich Engel, Einrichter des Abends, das etwas lange Stück (bis halber zwölf) zu kirren weiß. Wie, fast andauernd, Unterhaltendes vorfällt. (Er trieb schon mit Grabbe seinen Spaß.)

III.

Nun, Brecht hat eine Moriballade, vom tiefgesunkenen (aber netten) Verbrecher mit mehreren Brauten, reizvoll durch Gesänge belebt. Sein glücklicheres Element.

Weill hat es lieblich vertont, ja, sehr fein in der Grobheit, mit Jazz und Kitsch und Orgelharmonium und Leierkasten. (War ein Musikkritiker, zufällig mein Freund, im Parkett? ich verstumme dann; armer Laie.)

Sicherlich schien der Beaumarchais-Spruch „Ce qui est trop bête pour être dit on le chante“ (was als gesprochenes Wort nicht hinreichend gut ist, das kann man immer noch singen) hier nicht begründet.

IV.

Brecht, mit jener Moriballade, die jemand 1728 schrieb, fährt in seinen modernen Bestrebungen (so im „Baal“, gleichfalls einer Moriballade der älteren Zeit) fort auf der Gegenwartslinie.

Brecht hat schon Marlowe, der vor Mister Shakespeare starb, für die neue Gegenwart bereitgestellt; hernach ein älteres Lieblingswerk, die „Kameliendame“, betreut; und jetzt ein Erfolgsstück von 1728. Wenn es nicht dynamisch ist, müßt' ich irren.

V.

In diesem Gegenwartsdrama kommen aber seine lyrisch-gesanglichen Eignungen mit Vorteil hinzu. Von den zwei Linien (erstens Büchner-Linie, zweitens Tauchnitz-Linie, Rimbaud fortgelassen) schafft es neuerdings bei ihm der Angelsachs. Und man hat, ohne viel zu rechten, einen prachtvollen Abend.

VI.

Wer war dieser moderne Vorkämpfer (1728) John Bertolt Gay? — Wenn frisch erworbene Kenntnis nach der Heimkehr nicht Lapsusse zuläßt, sei folgendes mit blasierter Bildung hingestreut.

VII.

Gay wurde bekanntlich in Devonshire 1685 früh verwaist nach seiner Geburt. Er schrieb unter anderem. Und noch Fabeln. Diese, wie man weiß, erschienen sogar 1727 und 1738. Kurz bevor ihn bekanntlich die Herzogin von Queensberry herbergte. Dann starb er ja mit siebenundvierzig Jahren.

VIII.

Sein Freund aber war ... Jonathan Swift. (Das hat man schon vorher gewußt.) Jetzt kommt eine Vermutung.

Swift, mit zwei Frauen, Vanessa und Stella ... Der wirkliche Schluß bei Gay soll der gewesen sein: daß dem netten Verbrecher, weil ein ganzes Heer von Gattinnen anrückt, der Galgen süß dünkt.

Sollte verborgener Einfluß des bigamigen Swift hier ...?

IX.

Swift hat ihn politisch beeinflußt. Die Oper für Bettler war, wenn ich seit kurzem recht unterrichtet bin, voll von politischer Anspielung.

Hat nicht Brecht ihr diesen Zahn ausgebrochen? Hat er nicht Seitenhieben auf die brennendste Gegenwart entsagt? Hat er nicht bloß ein bißchen Allgemeinheit vag-ethischen Inhalts getätigt? ... Ich glaube fast.

X.

Statt dessen ändert er den Schluß mit den vielen Gattinnen — so: Er gibt ihm, dem netten Verbrecher, nur zwei ... und eine Begnadigung durch den König. In hübscher, parodistischer Form.

Wenn der Kölner Männergesangverein, beim Wettstreit, von Gastsängern vierstimmig gegrüßt wird (Mel.: „Wer hat dich, du schöner Wald") mit dem Chor „Kölner Mä ... Kölner Mä ...", am Schluß: „Kölner Männergesangverein": so singt man hier: „Ein reitender Bote ... Bote-Bote-Bote". In dieser Art. Es ist aber sehr hübsch. (Weill auf mir, du dunkles Auge — sagt Lenau.)

Brecht weist somit in die Zukunft. Wollen Sie jetzt, so haben wir ein neues Drama. Oder einen angenehmen Zwischenfall, nach Marlowe, nach Dumas Fiess.

XI.

Das Tempo der Gegenw ... des Singspiels. Oder man müßte wieder irren. Der älteren Diebsstücke mit Gesangseinlagen. Der kesse Räuber. Verschärft vom Abenteuerbuch.

Fast Revue mit archaisierendem Englisch. Sehr unterhaltend. Nicht ganz so gegenwartsvoll wie „Es liegt in der Luft" von Mischa Spoliansky.

XII.

Das Drama der Zeit kommt noch. Vorläufig ...: eine Darstellung, daß der Provinzler sich alle zehn Finger ableckt.

Berlin ist wirklich bühnenstark. Hier lagert Kunst in Kleinigkeiten. Zusammengehalten sind sie; gestuft; ausgespart. Wenn auch bis halb zwölf. In der Mitte steht ...

Ein jüngerer Mann mit fast weiblich bezauberndem Grundzug: Harald Paulsen; doch singend zugleich mit herrlicher Manneskraft. Hierüber hinaus mit einem Echtheitsgefühl, welches die Operette hoch überschreitet. Ich glaube: hier ist ein Besitz.

XIII.

Gleichfalls in der Mitte rührt sich ein Schauspieler aus Dresden. Ponto. Haupt einer Bettlergilde. Diese Kraft hat in Berlin zu bleiben. Ein Zuwachs. Wie er kaltschnäuzig spricht. Ganz ausgekocht. Einer, dem man nichts vormachen kann. Manchmal mit röchelnden Äuglein. Voll der letzten Sicherheit ...

(Ein Zuwachs.)

XIV.

Sonst (neben Mutter Valetti, auf die ein Verlaß ist) zwischendurch die Vortragerin Kate Kühl. Eine von den Brauten. Sie singt nicht ins

Blaue; sondern gestrafft, gerafft. Wieder ein Besitz ... Kaum bloß für Provinzler.

Die Schauspieler Gerron, Manfred Fürst, einige Herren als Galgenvögel (namens Bunzel, Hannemann, Maschmeyer, Venohr).

Dann steht auf dem Zettel: „Huren". Vier Künstlerinnen wirken hier mit — und eine davon scheint aus München zu kommen. Die war sehr, aber sehr gut. Im Stimmklang erinnert sie an Carola Neher. Ja, die war im Artikulieren besonders gut. Mit ehernem Griffel hier verzeichnet.

XV.

Und alles zusammen, Brecht, Jazz, Volkstexte von Weill durchtrieben gesetzt, Inhalte von 1728, Kleidung von vielleicht 1880 — das alles ist kein verschollenes Chinesentum. Sondern heutige Mandschurei.

Die Kulissenschiebung (Caspar Neher) vollzog sich senkrecht. Vorwärts im Weltengang. Kopf hoch!

Letztaufführung
(1929)

I.

Gegenstück zur Erstaufführung: die Derniäre. Also nachdem ich die erste Aufführung der Dreigroschenoper gesehn, sah ich Donnerstag die letzte.

„Ein jeder hat — er sei auch, wer er mag — ein letztes Glück und einen letzten Tag", sagt (ungefähr irgendwo) Goethe.

Letztes Glück; die Dreigroschenoper muß fort: weil Charleys Tante drängt.

II.

Die Dreigroschenoper ist ein Vierteltausendmal an der Spree gespielt worden. Leider kein deutsches Stück.

Nur halb so oft wie das ... Urwerk heut in London. Bloß den vierten Teil so oft wie „Dreimal Hochzeit" in New-York. Lediglich den sechsten Teil so oft wie „Pott und Perl" auf dem Broadway.

Ziemlich ebenso oft wie das „Grab des unbekannten Soldaten" von Raynal bei uns. (Wieder kein deutsches Stück.)

„Charleys Tante“, viermal öfter gespielt, ist abermals kein deutsches Stück. Wenngleich mit dem verflossenen Führer der Deutschen innig verkittet.

Bleibt nur ... Ja, der fröhliche Zuckmayer. Immerhin mit dem Unterschied: daß er zwar so oft gespielt worden ist wie bei uns der kleinste Schlager des Auslandes; daß er jedoch im Ausland kein Schlager ist.

(Import übersteigt Export ... um ein Vielfaches. Mulmige Bilanz.)

III.

Ihr sollt die Stimmen wägen und nicht zählen. Schiller. Frisch gewägt, ist hier nicht halb gewonnen. Der dramatische Versuch bei uns bleibt lobenswürdig. Wir sind, neben den Russen, das unausgesetzt versuchende Theaterland. Jedoch ein Ergebnis gezengt haben die Versuche bekanntlich an Regisseuren ... statt an Dramatikern.

Das perikleische Zeitalter der Republik — ich betonte das neulich — liegt in der Massung von starken Kapellmeistern und starken Spielmeistern. Wie heut in keinem anderen Land. (Es ist eine treuherzige Ver-schiebung zu behaupten, als wären die dramaticuli damit perikleisch genannt; eine von den rührend provinziellen Praktiken. Geburtsort: Schiefland.) Wenn also deutsche Regisseure, deutsche Kapellmeister Weltgeltung haben, deutsche Dramatiker nicht (oder knapp): ist es da ...

IV.

Da ist es ein Grund, sie zur Nachdenklichkeit anzuregen. Zur Nacheiferung — auf heutigem Boden. Zum Kappen der Formschlappheit. Zum Stärken des Feingefühls: für Betonungen, für Einschnitte, für Abschnitte, für Längen, für Tempowandlung, für Rhythmusunterschied, für Kenntnis der Aufnahmekraft, für Gliederung; für Schlagendes; für Wesentliches; für Vorhebliches; für Abmessungen; kurz: für die Phantasie ...

Nämlich Phantasie des Logischen; des Greifbaren; des aus der Pistole Geschossenen.

Wollt ihr nicht endlich die von Bismarck erwähnte halbe Flasche Sekt in euch zeitigen, so dem dasigen Klima fehlt ... um über die Welt zu ziehn — wie jene?

Ecco.

Zeit wird es. Zeit ist es ... Zeit war es.

V.

Das dürftigste Mittel dafür wäre jedoch: übernommene Sachen wie die Dreigroschenoper (schier zwei Jahrhundert' bist du alt), wenn sie zweihundertfünfzigmal statt zufällig zehnmal gespielt worden ist, als ein Prinzip hinzustellen; als ein System; als eine Norm; als eine Gegenwart; als ein Schmußobjekt.

VI.

Was hat die allerliebste Beggars Opera schließlich mit der Gegenwart zu tun? O Gott. Weil bißchen drohender Schritt der Bettlerbataillone, weil bißchen Scheinkommunismus schandenhalber aufgepappt ist? Pühhh!

Ohne die Musik, des hier prachtvoll sparsamen Weill, ist es ein Nullerl. Ein Aschen. Ein alter Tauchnitz. Ein Dreizehnaufsdutzend.

Daraus macht bloß kein theoretisches Faseln und Phraseln von Errungenschaft. Die liegt woanders ...: im Erwarteten. Im wahrhaft Kommenden.

(Johannes Brahms ruft — in Cis-moll, wie unsereins in C-dur —: „Komm, o komme bald!")

VII.

Sondern glaubt lieber (wenn ihr vom himmelweiten Wesen der Bühne was ahnt) in unflacher, freier Gesinnung: das Theater ist nicht ein theoretischer Quatsch. Sondern Saft und Vielfalt. Sondern Lebfülle. Sondern Können. Sondern Lachen in allerlei Wind. Sondern Gemenge von Menschlichkeit. Wie das kürzlich hier gesagt worden. Die Dreigroschenoper war ein Reiz.

Nicht ein Programm.

VIII.

Letztes Glück. Letzter Tag. Volles Haus. Viel Applaus.

Das Locarno des Berliner Theaterlebens

Pleite überwunden!

(Zeichnung von Th. Th. Heine)

Piscator baut am Kurfürstendamm (neben dem Theater der Komiker) ein antikes Schauspielhaus.
Säulenheilige: Alfred Kerr und Karl Kraus.

Aus dem „Simplizissimus". Jhrg. 1928

V. „Die Welt im Licht“: Prosaskizzen, Reisebilder, Lyrik

Kerrs Lesepublikum beschränkte sich keinesfalls auf Theaterliebhaber; als Lyriker, in der Tradition eines Wilhelm Busch, fand Kerr breite Resonanz. Seine heiteren Verswidmungen galten Freunden, verehrten Schauspielern und bewunderten Damen des Theaters. Selbst den Alltäglichkeiten konnte Kerr so humorige Seiten abgewinnen. Die kleine Form ließ in Kerrs Gestaltung die „Welt im Licht“ erscheinen, im Licht des Lebenskünstlers und Genießers. Ebenso beschwingt und stark aphoristisch durchleuchtet, plauderte Kerr in seinen viel gelesenen Reisebüchern. Man spürt die leichte Hand des Erzählers, der die Schule eines Heinrich Heine nicht verleugnen konnte. Daß Kerr allerdings auch auf diesem Feld auf streitbare und kritische Untertöne nicht verzichtete, gibt seiner Lyrik und Prosa stets persönliche Prägnanz.

Testament eines Berliners
(1926)

Mit Musik, doch ohne Pfaffen,
  Gleichfalls ohne vieles Flennen,
Sollt ihr mich zum Friedhof schaffen
  Und mich braun zu Asche brennen.
Dann vergrabt mich armen Pinsel,
  Kleingestäubt in Ur-Atome,
Unweit von der Pfaueninsel
  Hart am holden Havelstrome.
Sonntags, wenn sich heiß umschlingen
  Fritze, Kläre, Max, Adele
Und die kleinen Mädchen singen — —
Freut sich meine arme Seele.

Breslau im Kriege
(1928)

I.

Der Krieg tobt ... In der alten lieben Oderstadt, wo man gegen zehn Uhr abends landet, ist noch viel von der Lebendigkeit — die sie besaß, als Friede war.

Die Hauptstraße mit Paaren und Familien ... es scheint, daß in der Provinz die Menschen mehr truppweise des Abends ausgehn als in Berlin. Vater, Mutter und die Töchterschar — und die Freunde des studierenden Sohns; alle mitsamt.

II.

Bald sitzt man an der holzgetäfelt alten Stätte, wo ein besonders schwärzliches Bier ehemals rann. Der Trank, von dem die stadtsässigen Greise behaupten: „Das Bier erhält mich!" Als wär's das Hauptwerkzeug zum Weiterleben ...

Einer der willkommensten Stabreime für Schlesier heißt: Kißling und Kulmbacher.

Dieses Bier ist im Schlachtengraus den Weg aller Biere gegangen, hat sich verharmlost; blieb aber noch trinkbar, zumal wenn etwas Pechgeschmack das Faß durchdämmert.

III.

Die Räume selber sind... nein, verödet sind sie nicht. Aber die alte Fülle scheint nicht mehr vorstellbar. An den Wänden seh' ich Druckzettel, auf Pappe geklebt, mit einer Inschrift: daß Frauenspersonen von auffallendem und unsittlichem Benehmen oder Wesen (so ist es stilisiert) in diesem Lokal nicht geduldet werden. Seltsam.

Gab es denn so viele davon? ... Es ist Krieg.

IV.

Um elf Uhr wird Zappen duster gemacht; man ist wieder auf der Straße. Schöne alte Stadt! Längst nicht nach Verdienst gewürdigt.

Der Aufbau der Plätze voll anheimelnd-verschollenen Geschmacks. Man denkt an weit südlichere Gegenden... Wie das wunderbare Rathaus mittendrin steht: Noch das Stadthaus, die Denkmäler, dann ein kleiner Platz neben dem großen — es liegt sehr Trauliches, ja, sozusagen Gemütlich-Erhabenes darin.

Ringsum die ältlichen Häuser, oft mit schmalem Giebel, die aber nicht zusammenbrechen, sondern zwischendurch gestützt, erneut sind.

Und schöne alte Namen, wie die Naschmarktseite, die Becherseite, die Siebenkurfürstenseite, die Riemerzeile. Vertrauter Klang von ehedem! Dort guckt der Elisabeth-Kirchturm vor — aber wo ist nur die alte Konditorei von Manatschall, so im Knabentagebuch Ferdinand Lassalles eine Rolle spielt... und in unsrem Gymnasiastenleben auch eine Rolle gespielt hat? Verschwunden.

Das helle Nachtlicht fällt auf die Ringseite; Manatschall vom Erdboden getilgt. Fahr wohl!...

Aber der Käseböhm lebt noch; will sagen: das winzige Häusel am Torbogen vor der Kirche, wo wir Elisabetaner für zehn Pfennige (vielmehr für einen „Böhm" oder Silbergroschen) ein Kümmelbrötchen mit Schweizerkäs und Butter kriegten; in der Frühstückspause; ohne Butter hat es nur einen Sechser gekostet.

Was mag der alte Böhm (denn der Besitzer heißt, um die Verwirrung vollzumachen, gleichfalls Böhm) jetzt im Krieg auf die ... Weißbrötchen, hätt' ich beinah gesagt, legen? Von dem einst berühmten Käse nur noch die Löcher...

V.

Ein paar Minuten zurück — da ist der Roßmarkt. Hier hat jener Lassalle in der Jugend gewohnt. Lebtest nicht lange genug, Ferdinand — was diese Sauzeit bestätigt.

Der schmale Platz liegt in schweigend schwerem Dunkel. Ein Menschenpaar steht umschlungen im dämmrigen Eingang. Sie küssen sich.

Irgendwo, in der Ferne, tobt Krieg. Eine Welt liegt im Sterben — oder im Gebären? Die Zukunft ist... ungewiß.

Dieses Paar, wohl ein Handwerker und ein Dienstmädel, ahnt, was indessen das Sicherste bleibt.

Totensonntag
(1928)

I.

Ich gehe durch diese Stadt.

Berliner Friedhöfe sind weniger Friedhöfe... als zweckmäßige Plätze behufs Unterbringung lebloser Körper.

Sie erstrecken sich (in der Stadt) flach und wurstig. Eisenbahnen auf Metallträgern donnern vorbei; gegenüber liegen Destillen.

II.

Die Berliner haben für die Toten kein Gebirge, keine Insel; doch die Gräber selbst sind liebreich, mit herzlicher Sorgfalt gepflegt... innerhalb der Unterbringungsplätze.

Scheußliche Nüchternheit der Lage wird beinah verwischt von der

Alfred Kerr auf dem sprechenden Film. (Der dunkle Streifen links neben der Perforation ist das Phonogramm, der photographierte Ton)

ernsten Anmut ihres Waltens. Es erscheinen die Friedhöfe zwar dauernd häßlich, doch sie wirken fast inniger (wenn man einmal drauf ist) als berühmte Ruhestätten älterer Lande.

III.

Wenn Sonntags kleine Mädchen nach Schlachtensee machen, guckt alles im Vorüberfahren auf Gräber, auf Grabsteine, Kreuze, Kränze, von der Bahn aus.

Manche weiß, wenn es die schöne, kluge Tochter eines preußischen Briefträgers ist, daß weiter unten, in Wannsee, Heinrich Kleist begraben liegt, — sie verlangt sein Grab zu sehn.

Abends, auf der Heimfahrt, liegen die Eisenbahngräber im Dunkel. Kein Erinnern an Verwesung lähmt die Zunge... wo nicht abendliche Schwermut sie ein bißchen lähmt.

IV.

Auf die Eisenbahngräber ziehn am Totensonntag alle: Witwen, Söhne, Bräute, Töchter, Mütter; mit Blumen.

Berlinischer Ordnungssinn: die Gräber werden aufgeräumt. Beinah abgeseift... Dann tritt erst volle Trauer in Kraft.

Reinemachen ist hier: Kundgebung des Herzens.

V.

Totensonntag. Mancher denkt seiner Verlorenen — die gestorben sind, obwohl sie lebendigen Leibs noch umhergehn.

Mit Kränzen kommt man ihnen kaum. Würde höchstens, wäre die Spree kein so ruppiger Fluß, einen Kranz ins Wasser werfen — und gucken, wie der den Strom hinabschwimmt.

Mit Kränzen kommt man ihnen kaum; ja wenn sie vorbeischritten, würde man tun, als sähe man sie nicht; vielleicht auf die Uhr gucken.

VI.

Aber man erinnerte sich dennoch der gewesenen Zeit. Und würde vielleicht die besten Blumen, von den schönsten Farben, vom holdesten Duft, im strahlendsten Kranz, auf diese ungreifbaren Gräber legen.

Ihr seid gestorben, doch ihr lebt noch. Ihr lebt, — aber, ach, ihr seid gestorben. (Das Schicksal schenk' euch ewige, ewige Seligkeit.)

VII.

Über den Gräbern, auch an der Eisenbahn, leuchtet schließlich im Dämmer der Luft, im Ergrauen des Tags ein unsterbliches Wort. Memento vivere! Gedenke zu leben!

Geprägt von F. Nietzsche — der nie gelebt hat.

Akademische Bierhallen
(1928)

I.

Heut nach der Morgenarbeit, beim Tee, las ich: diese Kneipe soll jetzt eingehn... Ich dachte: sie bildet keinen schlechtesten Teil einer geliebten, verfluchten Jugend.

Zwischen zwei Kollegstunden gingen wir oft 'rüber Billard spielen. Oben war das.

Kellner in der Jägerjoppe wanderten mit Drahtgestellen von drei Stockwerken — boten im Ausruferton ein Helles an.

Keine Tischtücher; sondern Wachsleinwand.

II.

Man ging bloß dann in diese Kneipe, wenn rein garnichts mehr zum Versetzen blieb. Wenn alle Kommilitonen der Bekanntschaft hinmußten; jeder blank wie eine gescheuerte Wanne.

Knirschend schmaust jeder ein verhältnismäßig reiches Mahl mit Behör. Brot aß man dazu für zwei Mark.

Am Achtundzwanzigsten des Monats ergaben sich Gedanken „de consolatione philosphiae", von Boethius.

Beim Hinausgehn stieß man auf Hegels Denkmal.

III.

Eines Vormittags spielt' ich mit dem Sohn eines berliner Juristen oben Billard. Beide waren wir in schwerer Stimmung.

Am vorangegangenen Abend (in einem freien Gesangverein, den ich leitete — und der aus Beamtentöchtern bestand) hatte man gemunkelt, es gehe dem Kaiser Friedrich schlecht. Am Morgen hatten es die Zeitungen auch gesagt.

„Rieß", sprach ich, und wir legten die Billardstäbe weg, „mir ist, als ob er jetzt gestorben wär'." Wir gingen beklommen hinunter. In der Universität war ein dunkles Tohuwabohu. Der Kaiser war tot.

Die Professoren teilten mit, sie würden nicht lesen. Studentenschwärme gingen nach den Linden hinaus. Die Standarte drüben war herunter. Rieß schritt neben mir. Wir sprachen nicht.

Dieser Vormittag bleibt mein stärkstes Erinnern an die alte Kneipe.

IV.

Der Verstorbene bedeutet keine große Nummer. Nur: unter ihm wären die Zustände nicht ganz das geworden, was sie hernach wurden. Nicht ganz.

(Rieß, ein begabter Kerl, kam mir dann aus dem Gesicht. Er hat sich später, noch jung, erschossen.)

Alfred Kerr an Bord des Dampfers „Vaterland“ bei der Überfahrt nach Amerika (Mai 1914). Von links nach rechts: Der Maler August Hadjuk, Chefredakteur Dr. Albert Haas, Alfred Kerr, Georg Brandes, Asta Nielsen, Bernhard Kellermann, Urban Gad, Josef Melnik

Algier
(1929)

I.

Es ist Mai.

Unverständlich sind mir die Araber: weshalb sie nicht nach Stuttgart gehen, sich zu wärmen. In Stuttgart war es, als ich Europa verließ, mild und sommerlich.

Hier in Afrika wird morgens der frosterstarrte Mensch mühsam aufgetaut.

Unverständlich sind mir die Araber.

II.

Ich wollte feststellen, ob dort noch alles da ist. An dieser Küste war ich früher so oft gelandet. Jahre hindurch stets ein afrikanischer Frühlingsgang: Marokko, Algier, Tunis, Ägypten — bis dann ins Afrikanische zum Heiligen Land.

(Vor dem Krieg!)

Die Allgier trieb nun zurück nach Algier. Von diesen Himmelsstrichen ist Algerien der lustigste. Noch einmal Gesehenes wiedersehn — (und manches dir, Jula, zeigen). Nach Marseille! Dort auf ein Schiff! (Hapag und Lloyd sind viel besser; bloß der Wein ist bei dem Franzosen umsonst.)

Fast alles wird seekrank. Von hundert kommen acht zu Tisch.

... Und sieh, mir fehlt ein teures Haupt.

III.

Ist noch alles da?... Nein. Die alten Araberviertel von Algier (um die Burg, die „Kasba") sind geschrumpft; halb vernichtet. Schieber, Bodenschlächter haben gehaust.

Ich verließ eine weiße Stadt — und fand eine rötliche wieder.

In zwei Jahrzehnten kamen fünfzigtausend Einwohner dazu... mit Ziegeldächern.

Ich verließ eine afrikanische Stadt — und fand eine europäische.

Alfred Kerr in der Wohnung Douglasstraße 10, Berlin-Grunewald (1932)

IV.

Gern hätt' ich in dem lockenden Hotel von einst gewohnt: im obersten Mustapha; auf dem Gipfel.

Es besteht nicht mehr... Ist umgewandelt: in ein reizendes Lyzeum für Frankreichs Töchter.

(Der Wunsch, dort nun erst recht untergebracht zu sein, ist so frevelhaft, daß er niemals in mir aufkäme.)

V.

Doch daneben... Daneben liegt eine Besitzung, die damals kein Hotel war, heut L'Olivage genannt; versteckt zwischen Ölbäumen, Pfefferbäumen, titanischen Eukalypten, Nespolebäumen, Apfelsinenbäumen, Feigenbäumen, Araukarien, Pinien, brutalen Wuchtzypressen (wogegen die von Italien Streichhölzer sind), mit einem blauen Blick zum Atlasgebirg, mit unwahrscheinlichen Blumen, mit lichtblau-fremden Blüten auf grünem Geblätter, mit goldenen, mit grellvioletten Ranken, mit weißem Kalla-Gepflänz, mit wunderlichem Palmzeug, alles wild übersponnen ... wo morgens ein arabisch weißer Gärtner, den roten Muselmansfes und gelben Schal um den Kopf, die Gänge fegt, vor dem brennend umrankten weißen Haus, auf der Höhe.

Dort findet man die Wohnstatt. Herrlichere gibt es nicht.

Unten liegt Algier.

VI.

In diesem verschollenen Wundergarten steigen alte, mäßig wohlhabende Jungfern aus England ab. „Spinsters" ist englisch das Wort für sie — (was an Gespenster im Unterbewußtsein anklingt).

Auch dies und jenes Ehepaar mit einer britischen Rente. Sie bleiben fünf Monate. Gehn für drei nach Biskra — und kommen für zwei zurück in das Zauberhotel ... mit seinem maurischen Rundpförtel und alten, engen Hühnerstiegen.

VII.

Auf der Treppe stand so ein spinster-Geschöpf, dreiundsechzig, grau-volles Haar.

Sie rief: „Marius!", nach dem Kellner. Der andre Kellner, Marcel, will in ihr Zimmer eilen. Beide Kellner sind um zweiundzwanzig.

Sie winkt ab: „ No, — Marius!" (Marius wird gesucht und geht ungern hinauf.)

VIII.

Am heimlichen Ort steht hier in großen Lettern: „Please don't stand on the seat." Daneben: „Ne montez pas sur le siège, s. v. p." Man soll also nicht auf den Sitz steigen... Tat es wer? Im Geiste sieht man eine spinster hinaufspringen. Seltsames Traumgesicht.

IX.

Traumgesichte kommen in dieser versteckten Pflanzenwildnis. Das Haus war einst arabisch; dann vielleicht auf einem europäischen Friedhof Leichenkapelle. Über dem getünchten Schlafzimmer strebt noch die Kuppel mit vermauerten Chorfensterln. Nein, es war eine Moschee.

In der ersten Nacht erscheint, seltsam, Otto Brahm. Immer deutlicher, näher, genauer, unverkennbarer, wirklicher, leibhafter, tatsächlicher — dies Gesicht. „Du... bist... Otto... Brahm!" Also ist es doch wahr, daß die Toten wandern. Wahr ist es, daß man im Gedränge sie wiedertrifft? Irgendwo in der Welt? (Träume schildern, ist gemeinhin so langweilig wie Naturbeschreibung; doch dieser Traum war kurz — und so lebstark. Er ist in drei Sätzen erzählt.)

Aufs neue rief ich: „Otto — Brahm!" Er streckte die Hand hin. Aber... So teuer dieser gewesene Mensch mir bleibt — ich dachte schlafend: soll man die Hand eines Toten anfassen? Ich nahm sie nicht.

Was beim Erwachen einen Schmerz zurückließ.

X.

In Algier auf den Straßen wandeln Umrisse. Köstlich weiße.

Zweierlei Weiß: die weißverschleierten Araberfrauen; (bloß ihre schwarzen Augen sieht man, die Ränder mit „kohol" geschwärzt, und blau tätowierte Stirnen).

Das andre Weiß: — Einsegnungskinder; französisch-kleine Himmelsbräute.

Dies getrennte Weiß ist Symbol für ganz Algier: Koranfrauen... und Katholikinnen.

(Südfranzösische Stadt — mit morgenländischem Einschlag.)

XI.

Die Moslim von Algier waren bis vor hundert Jahren schlimmste Seeräuber. Heut fressen sie aus der Hand.

Abgekämpft... Wie etwa die venezianischen Eroberer von ehedem heut auffallend sanft sind. Wie das kriegerisch einst furchtbare Schwedenvolk heut still und hochgesittet ist. Wie in einem Jahrhundert wir Preußen unsagbar freundlich und lieb sein werden.

Die algerischen Piraten wurden Hotelwirte. (Das wird es sein. Man spürt's.) Meiner nicht — über den darf niemand klagen.

XII.

Cervantes, der göttliche (bischen ausführliche) Humorpoet, saß in Algier vier Jahre gefangen.

Er wurde schließlich durch Pfandersatz ausgelöst, nachdem ihn die Mauren mehrfach prolongiert hatten.

Eine Büste feiert sein Mißgeschick.

Auch hier steckt ein Symbol. Denn wie er auf der Galeere geschuftet hat: so läßt heut Europa die Galeerenbesitzer von dazumal schuften. (Auch in Form von Preisbildung.)

O Weltgeschichte, nicht viel mehr als eine Wippe bist du!

XIII.

Auf schlingerndem Autobusdach saß neben mir ein älterer, sauberer Araber, der mich unverwanzt ansah. „Hier", sprach er wehmütig beim Hafen, „war vormals der Eingang zur Stadt". „Ça, c'était la porte de la ville — autrefois." Ich dachte jetzt, er werde sich fröstelnd in den Burnus hüllen. Er tat es jedoch nicht. Er hüllte und hüllte sich halt nicht in den Burnus.

Gemeint war in seinen Worten die stolze Zeit, wo der Enterhaken stärker im Wert stand als jetzo der Kinnhaken.

Zuletzt nahm ich wahr, daß er keinen Burnus bei sich hatte.

XIV.

Die Araber hier schicken sich zum Teil in die Gegenwart. Allah verbot ihnen beispielshalber das apéritif. (Man übersetzt „apéritif" als deutscher Mann gemäß dem Wort „Dämmerschoppen" zweckdienlich durch „Dämmerschnaps mit Siphon".)

Die algerischen Araber nippen Absinth; schlecken amer Picon; nuppeln öffentlich Bockbier.

„Die Zeit noch kehrt sich wie ein Handschuh um" ruft Heinrich Kleist ... O du mein Mahomet!

XV.

Von dem Wein, den sie bauen (und irreligiös trinken), stießen mir folgende Marken auf.

Weißer: Kebir (wie trockener Sherry). Dann: Staoueli-Wein (leichtere Gattung). Roter: Nador; Medeah. (Medeah ist von der bekannten Kindesmörderin in dem Stück von Hanns Henny Jahnn auseinanderzuhalten.)

Auch sonst gehn die Muselmanen mit der Zeit — was durch algerische Gerichte kenntlich wird. Etwa so:

Kaddour Aïssa Djilali ben Mohammed ist ein taleb (Gelehrter; Briefschreiber für Analphabeten). In Blidah bekam er für 6000 Frank Schmuck in die Hände: von einem muselmanischen Anwesenbesitzer; Herrn Boukama Mohammed ben Abdalah ben Abdelkader. Ihm gab er dafür einen verschlossenen Briefumschlag mit neuen Zwanzigfrankscheinen. Der war nach dem Auffinden des Schatzes erst zu öffnen. (Papierstreifen.)

Ähnliches tat er in Setif; in Ami-Moussa; in Orléansville. Der Polizist Sahraoui hat ihn verhaftet. Geständnis...

Oder — das Handelsgericht. Es verhängt in diesen Tagen Konkurs über den Araber Zeghiche Dib ben Zaoud. Ansässig im Viertel Bab-el-Oued. Formalitäten. Protokoll. Akten.

Dib ben Zaoud ist pleite. Gibt es noch ein Afrika? Die Welt wird gleicher mit jedem Tag.

XVI.

Der Humor hört bei tieferem Zusehn auf. Ich sprach öfters mit dem Führer der Muselmanen, dem arabischen Arzt Bentami. (So sprach ich vormals in Newyork mit dem hochstehenden schwarzen Arzt, welcher die Neger führt. Ist es immer ein Arzt?)

Einmal fiel ich bei dem Moslim-Doktor in die Sprechstunde. Wüstensöhne saßen im Wartezimmer; weiß vom Scheitel zum roten Pantoffel; braun das Antlitz; schwarz der Bart.

Bentami selber geht hier in Hemdsärmeln und Hanflatschen europäisch herum. Am Kreuz quillt blähig das Hemd heraus. Ein großgewachsener, starker Mann. Er zeigt mir Bilder der Eltern und eigne: damals noch in arabischer Tracht. Er hat eine (hübsche) Europäerin geheiratet.

Was Bentami durch ärztliche Praxis verdient, steckt er in die arabische Zeitschrift „Attakadoum“ („Der Fortschritt“). Er kämpft für den Ausgleich zwischen Arabern und Franzosen.

Ein ernstes Kapitel.

Mehr: ein tragisches.

Von einem Dutzend Millionen Hektar sind noch drei Viertel angeblich in Moslimhand — aber was für welche! Nicht Weinberge, sondern Steinberge. Nicht Land, sondern Sand.

Wein und Datteln hat vor allem der Kolonist. (Ach, die zeitraubende Beschäftigung mit dem Koran bringt ein edles Volk in den Rückstand. Allah verläßt die Seinen.)

XVII.

Unverhüllt und schamlos fordern die Kolonisten: keinen Unterricht an die Araber! ... Wollen Dumme beherrschen.

Nicht Frankreichs Regierung (so der menschliche Gouverneur Pierre Bordes) ist schlimm gegen die Araber: die Kolonisten sind es.

Am schlimmsten die Araber selbst. Die arabischen Reichen; die Geschäftegeier, — so durch Trinkgeld und Machenschaften an passendem Ort ihre Stammesbrüder begaunern.

Idealismus? Für die arabische Sache geben sie keinen Dreier. Kaufen lieber kostbare Pelze für die Frau. Zu Vergnügungs-trips.

Arabische Kinder sterben im Schmutz. Kinder dieses fruchtbaren Volks — das Abtreibung als Mord betrachtet.

Im Parlament sind Algeriens Araber unvertreten. Stimmrecht haben bloß Gediente von gewissen Graden, Amtsmenschen und... Besitzer.

Wackrer Bentami. Sein Kampf ist schmerzvoll; denn er traut seinen arabischen Brüdern selber nicht: sie sprechen — und lassen es dabei.

(An der Wand, im Empfangszimmer, hing übrigens „Goethe in Italien". Auch Arnold Böcklin — welchem der Tod über die Schulter guckt. Was? In einer arabischen Wohnung.)

XVIII.

Auf den Straßen Algiers rufen arabische Lümmelchen Zeitungen aus. Darin bekämpfen Publizisten einander auf arabisch und französisch.

Hier haben sie noch das altmodische Prinzip: sie widmen dem reklamehungrigen Gegner Zeit — statt einen Tritt.

Fiori, Abgeordneter von Algier, gab hierzu manchen freundlichen Anlaß.

„Arabophob" oder „arabophil" zu sein — es gibt hier manche Mißgeburt, die jemandem dies mit fingerfertig gruppierten Zitaten „nachweist". Aus edler moralischer Entrüstung.

Nachdenklich stimmt bei alledem: daß die achtjährigen Moslim Blätter ausrufen, so ihnen feindlich sind.

XIX.

Die Kälte wich. Algerien bleibt ein wunderbares Land. In arabischen Wäldern leuchtet Iris wild und blendend. Es droht Feuersgefahr: so brennen die Blumen hier.

Wände von Kaktus mit Stacheln von Stahl; gelbe Blüten drauf. (Wände von Kaktus mit Stacheln von Stahl; gelbe Blüten drauf). Zwischendurch Bambus, Tabak; dahinter eine zartblaue See. Hochpalmen davor.

XX.

Aber die Zwergpalmen oben in Bouzarea haben sich verringert.

Bouzarea: salzburgisches Gebirg an einem Mittelmeer... Der Blick voll friedherrlicher Schönheit — heut wie damals.

XXI.

Von dem geliebten Bouzarea stieg ich, wie vordem, durch ein dickichtschweres Tal mit ganz tollgewordenen Über-Feigenbäumen und mit Aloen und mit wilder Apfelsinenfrucht in Masse — bis zur Flut.

...Bei Dunkelanbruch zurück in die durchwimmelte Stadt.

XXII.

(Kleine Stiefelputzer wird man hier nicht los. Die fünfjährigen Moslim sind gefirre wie Spatzen. Springen lustig-dreist mit Fremden um.

Die Erinnerung wird wach an ein Mädelchen in Europa, der man sagt: „Geh jetzt — ich will arbeiten." Sie lächelt und bleibt.)

XXIII.

In summa: Wandlung einer afrikanischen Stadt zur europäischen...

Trotz alledem: zwischen Himmel und Berg wächst immer noch Beglückendes, in unsterblichem Glanz.

Alles fließt zu Träumen ineinander: die maurischen Pförtchen und Brahm; Töchterlyzeum und spinsters und Seeräuber und verwüstete Kasba; Cervantes und apéritif; der Moslim-Arzt und weiße Schleierfrauen — und Wuchtzypressen am südlichen Meer.

XXIV.

Afrika! Afrika!

VI. „Die Diktatur des Hausknechts“: der kämpferische Emigrant

Der Machtübergabe an die Nationalsozialisten im Januar 1933 folgte die umgehende Flucht des engagierten Republikaners und Juden Alfred Kerr. Der fünfundsechzigjährige Kerr sah sich von heute auf morgen aus Amt und Würde entlassen; die Unbilden des Exils, zuerst in der Schweiz, dann in Frankreich und schließlich in England, drückten schwer auf Kerr und seine Familie. Und doch ließ sich Kerr nicht entmutigen. Er erhob weiterhin seine Stimme, schrieb für französische Blätter und sprach im BBC als Sachwalter des anderen Deutschland. England – der Freund George Bernard Shaw war sein Mentor – machte ihn zum Mitglied der britischen Nation, deren sprichwörtliche Fairneß und Unbestechlichkeit Kerr seit langem verkörperte. Als letzter freigewählter PEN-Präsident reiste er nach dem Krieg auf Einladung der britischen Behörden auch in das zerstörte Deutschland. Kerr setzte am 12. Oktober 1948 in Hamburg seinem Leben ein Ende; ein Schlaganfall hatte ihn halbseitig gelähmt.

Die Diktatur des Hausknechts.
(1933)

I.

Hitler: das ist der Mob, der Nietzsche gelesen hat. Das ist Mussolenin im Ausverkauf. Das ist der Ochlokrat, der den „Individualisten" äfft. Das ist die Brutalität per Nachmachung.

Verschlagen, wie es der sog. dumme Kerl sein kann; und verschlagen aus menschlicher Niederung: in die Herrschaft.

II.

Dies denkend lag ich im Grunewald mit Grippe zu Bett. Ein Telephonruf teilte mit: Der Pass wird mir entzogen. Trotz 39 Grad Fieber raus aus dem Bett, nur einen Rucksack über, mit dem Allernötigsten. Nach dreieinhalb Stunden war ich in der Tschechoslowakei.

Ich empfand an diesem Abend das tiefe Glück, jenseits der deutschen Grenze zu sein — und trank erleichtert ein grosses, grosses Glas Pilsener Bier.

III.

Der Ehrenmensch Göring hat nachher im Radio gegen mich gekeift: weil ich der Stätte seines noblen Wirkens den Rücken gedreht habe. Den Rücken mit allem Zubehör. Merkwürdigerweise vergass er zu erwähnen, dass er 1923, nach dem Münchener Putsch, die Beine viel vorsichtiger in die Hand genommen hat ... und in die Berge flennentlich ausgerückt ist; obgleich damals die Gefahr der Folterung für keinen bestand. Die Machthaber damals waren im Vergleich gutartig.

Es ist das System dieser Moralerneuerer: zur Vertuschung ihrer dunklen Punkte sie dem Gegner anzukreiden.

Ich floh vor Geiern, Herr Göring vor Hammeln.

IV.

Das ist nun vorbei. Ich wüsste nicht, weshalb man dauernde Beleidigungsversuche solcher Burschen wortlos einstecken soll. Sie beschimpfen die Geretteten. Sie verleumden unsereins ganz dreckbewusst; sitzen dabei sogar ethisch auf dem hohen Stuhl. Unsagbare Komik: diese Pflanzen als Richter zu sehn; uns als Angeklagte. Vor so einer Umkehrung fragt man:

Alfred Kerr wählte die chinesische Staatsangehörigkeit, da seine Sprache von jeher mehr dem Chinesischen als dem Deutschen ähnelte.

Werner Hahmann, Würdige Staatsangehörigkeit, in: Kladderadatsch, Nr. 38, 86. Jg., 17. September 1933

Bin vielleicht ich es, der den Reichstag angezündet hat? Bin ich es, der erbärmlich-schmutzige Greuel beging (und sie verlogen abstritt)? Bin ich es, der das letzte Geld eines darbenden Volks für Feuerwerk und Schauparaden vertut? Bin ich es, der, mit der Vorspiegelung „Sozialist" sich von der Grossindustrie bezahlen liess? Bin ich es, der mit der Vorspiegelung „nurnational", das Ausland bis in die letzte Kleinigkeit wie ein Affe nachmacht? Bin ich es, der mit der Maske „Vaterland" Deutschland balkanisiert und schändet? Bin ich es, der, mit dem Ladenschild „heroisch" den feigsten Krieg wider eine winzige Minderheit führt? (Auf einen Juden kommen in Deutschland mehr als hundert vorgebliche Arier, die so oft Kalmücken sind). Bin ich es, der, mit der Marke „Tod den Bolschewisten!" Bolschewismus treibt? Bin ich es, der mit der Marke „Tod der Korruption!" die kleinen Gauner straft und korruptesten Gaunern die Herrschaft sichert? Bin ich es, der, mit der Marke „Legalität", sich plötzlich auf die Revolution berief? Bin ich es, der, mit der Schwindelbeteuerung „Disziplin", Mordlieder in den Strassen singen liess?

Ich wüsste nicht, weshalb man Beleidigungsversuche solcher Kerle einstecken soll.

V.

Ich rede nicht erst heut, vom sicheren Ort aus. Ich tat es in Deutschland, in Vers und Prosa, seit Jahr und Tag. Deshalb hat mich Göbbels, die rührige Missgeburt, im „Angriff" damals auf die schwarze Liste gesetzt — mit der Weisung: solche Leute (sechs namentlich benannte noch, darunter Helmuth von Gerlach, Heinrich Mann, Arnold Zweig, der General Schönaich) seien an die Wand zu stellen. So eine Proskriptionsliste war in der Republik ... möglich.

VI.

Ich hatte, soweit ein armer Einzelner es kann, den schmierigen Nazismus mit Gedichten, Aufsätzen, Reden bekämpft, verhöhnt, belichtet, bei jedem Anlass, noch in Theaterkritiken. Ich brauchte damals, nicht heut erst, den Namen „Plagiatfaschismus". Ich hatte nach so vielen tierischen Mordtaten druckschriftlich erklärt: „Die geistigen Mittel sind erschöpft". Ich hatte die Antihitlerischen aufgefordert „einen General zu mieten". Ich hatte durch mahnende Liedchen den linken Widerstand ermutigt: die sogenannte „Eiserne

Die armen Emigranten am Gardasee

„Hier ist das Wohlbehagen erblich,
Die Wange heitert und der Mund,
Ein jeder ist an seinem Platz unsterblich,
Sie sind zufrieden und — gesund —."

Garvens, Die armen Emigranten am Gardasee, in: Kladderadatsch, 86. Jg., 9. Juli 1933, Nr. 28

Front", die sich dann als blecherne Front erwies. Ich liess im Radio keine Gelegenheit aus, zu gemeinsamer Abwehr gegen drohende Knechtung aufzurufen. Ich warnte diese laue, flaue, schlappe, mutlose Republik, die keine war. Ich schrieb (1931):

Wer hat die schönsten Schäfchen?
  Und klassische Musik?
Wer schläft das tiefste Schläfchen?
  Eine gewisse, eine gewisse, eine gewisse Republik.

Wer sieht ein täglich Morden
  Und findet keinen Rat?
Wer duldet Landsknechtshorden
  Als rüden Staat im Staat?

Wer quirlt mit milden Händchen
  Im Topf der Politik?
Wem mangelt dies Talentchen?
  Einer gewissen, einer gewissen, einer gewissen Republik.

Sie hat ein reines Wollen
  Und einen sanften Sinn.
Bevor noch Köpfe rollen,
  Streckt sie schon ihren hin.

Wer schläft das tiefste Schläfchen
  Trotz Militärmusik?
Wer hat die schönsten Schäfchen?
  Eine gewisse, eine gewisse, eine gewisse Republik

Das erschien Jahre vor der Naziherrschaft. Vor dem Überfall auf ein Land.

Hunderttausende wollten gern das Schiff „«Deutschland" vor der duftenden hitlerischen Schleimwelle retten. Aber da es Deutsche waren, spalteten sie sich. Sie zankten sich, begeiferten sich. Sie wurden im schwersten Unwetter nicht einig, wer die Luken schliessen soll —

Die Luken blieben offen,
Der Dampfer ist ersoffen.

VII.

Ich schreibe diese Zeilen jetzt in Frankreich — und denke zurück an ein tief unglückliches Land. Es hat wunderbare Werte gezeitigt ... vor seiner Erniedrigung, (die kitschverlogen Erhebung heisst).

Dem Land bleibt meine Liebe — man vergisst es nicht. Die Bewohner möchte man vergessen. Nichts vergessen wird den Blutschmarotzern; den Machtfledderern; den Folterern; den Hepp-hepp-hunden.

VIII.

Im Ausland fragt man die Deutschen oft: „Wer ist eigentlich Hitler"?

Zu Dreivierteln ein Sammelbecken; zu einem Viertel der Kopist einer Persönlichkeit.

Zwei Dinge waren nötig: Organisation und Geld. Die Organisation schufen statt seiner die Offiziere von Wilhelms Armee. Das Geld gaben die Arbeiterfeinde ... den Fäkalsozialisten.

Hitler bleibt ein Werkzeug, nicht „Gottes", sondern höchst irdischer Schichten. Dieses Subjekt ist meist ein Objekt. Der „Führer" ein Geführter. Er hat letztens dies Amt: das Vertrauen der Masse zu bewahren. Sie glaubt ihm. (Er übt mehr Einfluss auf die Zuschauer als auf das Stück.)

Er sorgt dafür, dass sie alles schlucken, wenn er (was der schwächste seiner Vorgänger nicht getan) auf Elsass, Oberschlesien, Korridor und sonstwas verzichtet. (Der deutscheste Staatsmann wäre dafür gelyncht und gekreuzigt worden.) Doch jede Kritik verhindert er mit plumpen Mitteln. Widerspruch wird mit der Keule genullt. Ein Hausknecht. Übrigens: von zwanzig Millionen Anhängern glauben einundzwanzig, dass ein Vertrag ... nur ein Vertrag ist. Er hat hier — das Vertrauen eines Landes.

IX.

Umarmten ihn die Teilnehmer des geplanten Viererpakts, so könnten sie den stillen Vers von Verlaine murmeln:

Mets ton front sur mon front, et ta main dans ma main,
Et fais-moi des serments *que tu rompras demain*...

Das wäre so zu verdeutschen:

Lehn deine Stirn an mein Gesicht
Und schwöre auf Ehre; dann hältst du es nicht.

Komisch: dass man mit jemandem, der grundsätzlich Verträge bricht, welche schliesst.

X.

Jede Diktatur schafft sich einen gemeinsamen Feind. Einen im Innern, einen im Äussern. Spannendes Mittel zum Sammeln: etwas für das „Ziel Aller"; Kniff zur Ablenkung. Diesmal steht der eine Gegner im Verhältnis von 1 zu 100. Die Rettung vor den feindlichen Bolschewisten ist Schwindel — von Bolschewisierenden. Später wird der „Feind" im Ausland stehn.

Dort endet es.

XI.

Das Lockmittel heisst indess: nationale Erhebung. Es gab jedoch in Deutschland nationale Erhebungen, die sauber gewesen sind. In den Befreiungskriegen zeigte sich höchster Opfermut eines von Napoleon ausgesogenen Volkes — ohne Schmierigkeit. Ohne viehische Beitat. Ja oder nein?

Diese Unterscheidung wird von den Deutschen der Gegenwart nicht mehr gemacht. Sie haben eine Kartenlegerreligion — die jede letzte Gemeinheit entschuldigt. (Sie haben ... oder hissen sie.)

Was ist hier das Melancholischste? Nicht, dass Grauenhaftes geschieht; sondern dass fünfundsechzig Millionen es mitansehn; es in Kauf nehmen; einstecken; jede Lumpentat mitmachen.

Viele zwar zittern vor dem Revolver, vor Verschleppung, Misshandlung, wirtschaftlicher Vernichtung; denen soll verziehen sein. Kein Verzeihen aber gibt es, in Ewigkeit, für die Andren: wenn sie zwar die „Erhebung" bemerken, jedoch keineswegs deren Art...

XII.

Herzenspest und Hirnschwund. In Deutschland ist heute der Freund vom Freunde getrennt, der Bruder vom Bruder. Mein alter, vormals lieber Gerhart Hauptmann, mit dem ich ein Leben lang aufs innigste verbunden war, weiss genau, dass ich aus Deutschland verbannt bin, dass jedem reichsdeutschen Blatt verboten ist ein Wort von mir zu drucken, dass mein Leben in zwei Stücke gerissen ist — er hat noch nicht gewagt mir eine Postkarte zu schreiben. Dieser gar edle Dichter des Altruismus kriecht vor den Machthabern ... und vergisst die Opfer. Er guckt respektvoll auf blendende Scheinwerfer

Alfred mit Julia Kerr in Nizza (1937)

eines Tanks — und fragt nicht, wen er überfährt. Ich will nächstens mit ihm abrechnen.

Er, er, er hatte die Pflicht, anders zu sein; auch wenn halb Deutschland etho-skrophulös ist.

XIII.

Hitler lässt sich als den „Einiger" beräuchern. Nicht ungern. Er ordnet es keusch an. Auch das ist ein Schwindel. Einigung durch Schrecken ist keine.

In Wahrheit sind die Deutschen jetzt mehr zerrissen, mehr getrennt, mehr gespalten, mehr zerklüftet als je. Der Abstand zwischen den Bewohnern ist grauenhaft ... sie dürfen es bloss nicht sagen. Sie sind zehnmal unglücklicher als in der dunkelsten partikularistischen Zeit ihrer Geschichte. Zehnmal kompassloser, furchterfüllter, gedrückter, ihres Lebens unsicherer — sie werden bloss mit Gewalt am Reden verhindert. Kurz: es gibt zwar den gefeierten Einiger, aber nicht die Geeinigten.

Wann ist der gefeierte der gefeuerte?

XIV.

Ja, wann wird Besserung denkbar? Rettung vor dem Gesindeterror. Rettung vor dem Weltversinken im Rotz.

Der Nazismus bleibt nur international zu beseitigen.

Mit weniger Gewissheit durch sich selbst. Er kann gefällt werden: kaum durch die Wirtschaftsnot; eher durch eigne Tobsucht; am ehesten durch eine Pflichthandlung des Planeten.

Möglich: ohne Krieg; nur durch entscheidenden Zugriff — dann duckt der Bediente.

Zugreifen, eingreifen: das ist heute der kategorische Imperativ. Verdammte Schuldigkeit.

Los!

XV.

Und obgleich es hundertmal gesagt ist, bleibt es wahr: Ruhe tritt letztens nur ein kraft jener berühmten Näherung zwischen Deutschland und Frankreich, — aber dann erst, wenn der Hitlerismus röchelnd am Boden liegt.

XVI.

Dann wird ein menschlicher Rückfall wettgemacht. Dann wollen wir das Bündnis schliessen. Dann schauen wir, die wir heut nicht Angeklagte, sondern Ankläger sind, in die entmistete Zukunft.

Dann sehn Manche die sehr geliebte Heimat wieder. Dann ist sie gesäubert von stinkenden Parvenüs; von rohen Wirrschädeln.

Dann singen die Kinder, nicht mehr von Hass durchseucht, nicht mehr von Demütigung bedroht, harmlos das hübsche Lied, das nicht mehr parodierende, heitere, vertraute, menschliche, friedvolle, befreite:

Wer hat die schönsten Schäfchen?
Die hat der goldne Mond.

Juli 1933
(Zuerst französisch in „Les Annales“ und im Brüsseler „Soir“).

Der Hausknecht.
(1934)

I.

Nämlich die teutsche Treue beruht.
  Auf Blut und Boden — der Boden voll Blut.
Kadavermasse türmt sich zu Berg.
  Der mordende Hausknecht ist schweissig am Werk,
Er fuhrwerkt herum, hemdärmlig-erhitzt,
  Von Dreck und roter Suppe bespritzt.
Die Suppe steigt, der Blutstank schwillt
  (Ein Bock riecht gut dagegen),
Der losgelassne Bediente killt
  Die lästigen Kollegen.
Er stapft in ihre Kammern bei Nacht,
  Die Konkurrenz wird umgebracht …
„Dees hat eich guat getroff'n —
  Jetzt kann i wieder schlof'n“.

II.

Er tat es „für Deutschland" vor allen Dingen,
Nur für Deutschland, zu Deutschlands Wohl —
Nun kann das Horst-Wessel-Lied erklingen:
Horst Wessel, heiliges Symbol.
(Zwei Seelengrössen grüssen sich:
Der Hausknecht und der Ludewig.)
Das Lied verhallt, in den Kammern ist Ruh —
Der Hausknecht knöpft die Ärmel zu.

III.

In Münster hausten einst Huren und Säufer,
Gauner und Mörder: die Wiedertäufer.
Sie hielten blutig die Städter in Schach
Und stahlen — stets „für die heilige Sach'" ...
Man sah sie schliesslich in einem engen
Käfig in Turmeshöhe hängen.

Die wahrhaft Schuldigen
(1938)

I.

Gestank und Schmuß und Hitlergruß
Sind etwas schwer zu Leidendes;
Doch steht die Welt Gewehr bei Fuß
Und tätigt nichts Entscheidendes.
Im welken Erdengarten,
Da starren sie und warten.

II.

Ist dieses Leben längst verbraust,
Erheb' ich mich als Leiche
Und schüttle meine fahle Faust,
Tappend im Totenreiche,
Und klage vor dem Weltgericht:
„Der Täter war der Schlimmste nicht!
Wer das Schlimmste verschuldet hat,
War der, der alles geduldet hat!"

Die letzte Droschke

Ein Berliner Droschkenkutscher hat wieder einmal eine Fahrt nach Paris unternommen; auf seine Rückkehr legt jedoch niemand Wert.

Werner Hahmann, Die letzte Droschke, in: Kladderadatsch, 86. Jg., 19. März 1933, Nr. 12

Juden
(1938)

I.

Die Krise kreist in Nord und Süd;
  Wer hat die Schuld? die hat der Jüd.
Wer hat uns listig eingelullt?
  Die Weisen von Zion mit koscherem Kult.
  Die Juden sind schuld.
Der Nazi rülpst vom Rednerpult:
  „Die Juden sind schuld!"

II.

Was taten die Juden in neueren Zeiten?
  Sie schlugen schlimm mit dem Flederwisch
Und mit der gepanzerten Faust auf den Tisch
  (Anno Wilhelms des Zweiten).
Da haben die Juden mit blankem Schwert
  Rußland und Frankreich den Krieg erklärt.

III.

Die Juden hielten die Welt im Garne,
  Die Juden schwelgten im Schlachtengraus,
Die Juden verloren die Schlacht an der Marne,
  Sie rückten nach Doorn in Holland aus.
Manche flohen (ein Jammer für jeden)
  Mit einer blauen Brille nach Schweden.
Der deutsche Wohlstand war genullt —
  Die Juden sind schuld.

IV.

Sie hatten den Erdball verheert und verpestet,
  Dunkle Banditen und Duckemäuser,
Sie selber blieben fett gemästet
  Und bauten sich braune Häuser.
Dort schworen die Juden früh und spät
  Den Meineid auf die Legalität.
Die Juden ließen sich (in der sozialen
  Revolution) von Thyssen bezahlen —
So hintertückisch-hundsgemein
  Kann nie ein Arier sein.

V.

Die Juden haben mit Haar und Haut
  Einsteins Geld auf der Bank geklaut.
Einbrecher! Sie verehren im Kern
  Als ihren „Führer" den Dietrich; (von Bern).
  Und wenn die Sore gut geriet,
  Singen sie das Horst-Wessel-Lied —
  So ist der Semit!

VI.

Was machen die Juden für Weihrauchdampf
  Um ihr kitschiges Buch „Mein Kampf"!
Davon kauft jede Volksbücherei
  Durch Amtsverordnung Stücker zwei.
Engros wird so der Absatz stark,
  Der Itzig erbt pro Stück zwei Mark,
Der Judenschacher wird perfekt,
  Millionenrebbach eingesteckt!
Dabei betont er sein teutsches Gemüt —
  Ein echter Jüd!

VII.

Heut hat der Jud' durch den widerlichen
  Reichstagsbrand die Macht erschlichen.
Seit jenem Tage hats getagt:
  Marxistenmord und Menschenjagd.
  Da wird gekillt, auf der Flucht, von hinten,
  Da wird gefoltert mit tierischen Finten.
Sie knacken die Knochen. Sie knallen die Knüppel
  Auf lebende Leichen, auf blutende Krüppel.
Sie hauen Gefangene lahm und siech;
  Sie schlagen Wunden, die nie genesen,
Es rast das kannibalische Viech —
  Sind das nicht die Juden gewesen?

VIII.

Drum, was man in Zukunft die Kinder lehrt,
  Das ist: der jüdische Minderwert.

IX.

— — — — — — — — — — — — — — — — — — — —

Und daß ichs nun zusammenfasse
(Lassalle riet „festzustellen, was ist"):
Seht mal das Trio der Zukunftsrasse:
Ein Irrer, ein Krüppel und ein Sadist.
Die glauben, es sei Bedarf in der Welt,
Daß just ihr Dreck sich als Rasse erhält.
Die deutsche Zukunft sei dann gesichert
(Man kichert).

X.

Der Nazi, sonnig, goldig, treu,
Krankt chronisch an der Wahrheitsscheu.
Kriegsfolgenpest in Nord und Süd?
Schuld hat der Jüd.
Und bebt die Erde, gottbehüt,
Von heißem Aschenregen verbrüht —
Dann lügt der Lump auf dem Rednerpult:
„Die Juden sind schuld. Die Juden sind schuld!"

Leaflet Nr. 2

Deutsches Volk, du hast es knapp,
  Bloß den Bonzen geht nichts ab.
Deine „Volksgenossen“ oben
  Haben längst ihr Geld verschoben:
Göring, Göbbels, Ribbentrop,
  Himmler, Streicher — na und ob!
Diese Gauner sind jetzt schwere
  Dutzendfache Millionäre,
Während ihr im Graben liegt,
  Bis ihr die Krepanse kriegt.

Leaflet Nr. 6

Nachdem er Deutschland schwer geschädigt,
  Fühlt Adolf selbst: „Ich bin erledigt“.
Da ist er winselnd und gebrochen
  Vor Stalin auf dem Bauch gekrochen.
Der hat den Stümper, unbewegt,
  Mit Hohngelächter reingelegt.

Leaflet Nr. 7

Adolf mit dem großen Mund
  Brachte Deutschland auf den Hund.
Zweifellos und jedenfalls
  Steigt ihm's Wasser bis zum Hals.
Sein Bankrott ist so perfekt,
  Daß er Stalins Stiefel leckt.

Dank eines Achtzigers
(1947)

I.

Ich habe den freundlichen Sprechern herzlich zu danken etc. etc.

Die Wahrheit ist, daß man bei solchen Anlässen konfliktige Gefühle hat. Man freut sich über die Anerkennung durch wertvolle Freunde. Aber der sog. Jubilar fürchtet meistens nicht genug gelobt zu werden. Schriftsteller sind so. Doch hier war ja warmherzig das Gegenteil der Fall. Es hat mir wohlgetan. Thank you.

II.

Als jetzt eine Zeitung aus Deutschland mich bat, den Geburtstagsaufsatz vielleicht selber zu schreiben, war meine Antwort: „Ihr gütiger Vorschlag, mich selber zu feiern, ist nicht ausführbar: denn ich müßte taktvoll Maß halten - und würde da unaufrichtig erscheinen".

Unabhängig davon kam mir der Gedanke, vielmehr die Frage: Ist eine Jahreszahl denn ein Grund, jemand zu ehren? Ist es denn ein Verdienst, eine bestimmte Zahl von Jahren hinter sich gebracht zu haben?

III.

Zwei große Schriftsteller Englands sind hierüber verschiedner Ansicht.

H. G. Wells hat keinen Einwand erhoben, als ihm zum Siebzigsten Bernard Shaw eine Geburtstagsrede hielt. Aber Wells hat sich dann, am fünfundsiebzigsten, gegen eine Feier aufgelehnt. Er betonte, bei seiner Erwiderung, auf einem Bankett (wir waren ja dabei) ... er betonte fast drohend: „This is not my party!" — immer wieder: „This ist not my party!" Es sei keine Feier für ihn. Shaw war nicht anwesend.

Dies als kurzer historischer Rückblick über die Haltung erlauchter Vorbilder inbezug auf Geburtstagsfeiern.

IV.

Mein bescheidner Anteil an der Debatte ist, was ich unlängst, nach einem Besuch in Deutschland, in einer deutschen Zeitung schrieb. Der Zwangsaufenthalt im Exil habe wenigstens einen Vorteil gehabt: das Vermeiden der Eintönigkeit. „Ich selbst wäre dann immer an derselben Zeitung geblieben", schrieb ich, „bis zum neunzigsten

Alfred Kerr mit seiner Tochter Judith (Anfang der dreißiger Jahre)

Geburtstag und hätte dann auf deinem Bankett scheu die Ehrungen abgewehrt".

Sie sehn: ich hatte die Feier auf den Neunzigsten angesetzt — und mit einem Bankett.

V.

Shaw, seinerseits, legt im Privatleben nur Gewicht auf die Zahl der Jahre, doch nicht auf die Feier der Zahl.

Shaw war mein „sponsor", mein Pathe für die Einbürgerung in England — und als ich ihm damals mein Alter angab, war seine Antwort mit einem entzückenden, treuherzigen Stolz: „I am ninety!", „Ich bin neunzig!"

Ich fühlte mich überflügelt — und wie ein Anfänger.

VI.

Ich sehe zurück. Wenn ich überdenke, was ich Dichterisches, im Lauf dieser achtzig Jahre, besonders geliebt habe: so war es, in alter, tiefer Anhänglichkeit, das Buch Hiob (das heut wieder höchst aktuell ist), und neben diesem, einsamen, einmaligen Gebild letzter Menschheitsfragen etwas Grundverschiednes — nämlich allerhand Bänkelsang. Zumal in Frankreich. Jener Bänkelsang, der den Ewigkeitszug haben kann. Mich verhexte damals ein gewisser Marcel Legay, ein Grauhaariger, Versoffener, Verschollener, — der sang jeden Abend ein Lied, das auf deutsch heißen würde: „Bald gehst du hin ... die Füsse vorneweg!", „Tu t'en iras, les pieds devant!"

Derlei, gesungen und gedichtet von Namenlosen, abgetrennt von aller Literatur, das schien mir, in der Mitte des Lebens, schlechtweg ohne Vergleichsmöglichkeit.

Und daneben wiederum, ein seltsamer Nachbar, erschien Henrik Ibsen... Der gab mir damals fast ein religiöses Gefühl. Nicht der Zweite Faust, mit seinem Schluß, der (wie mir schien) rückständig und kitschig war.

Bei Ibsen herrschte zuletzt die Große Stille; im Faust, zuletzt, lockend und ködernd, das Ewig Weibliche. Ich hielt zu Ibsen. Aber...

VII.

Aber wenn man die Wahl hat zwischen einer nur Großen Stille und andrerseits einer vielleicht bemerkenswerten Weiblichkeit — ich

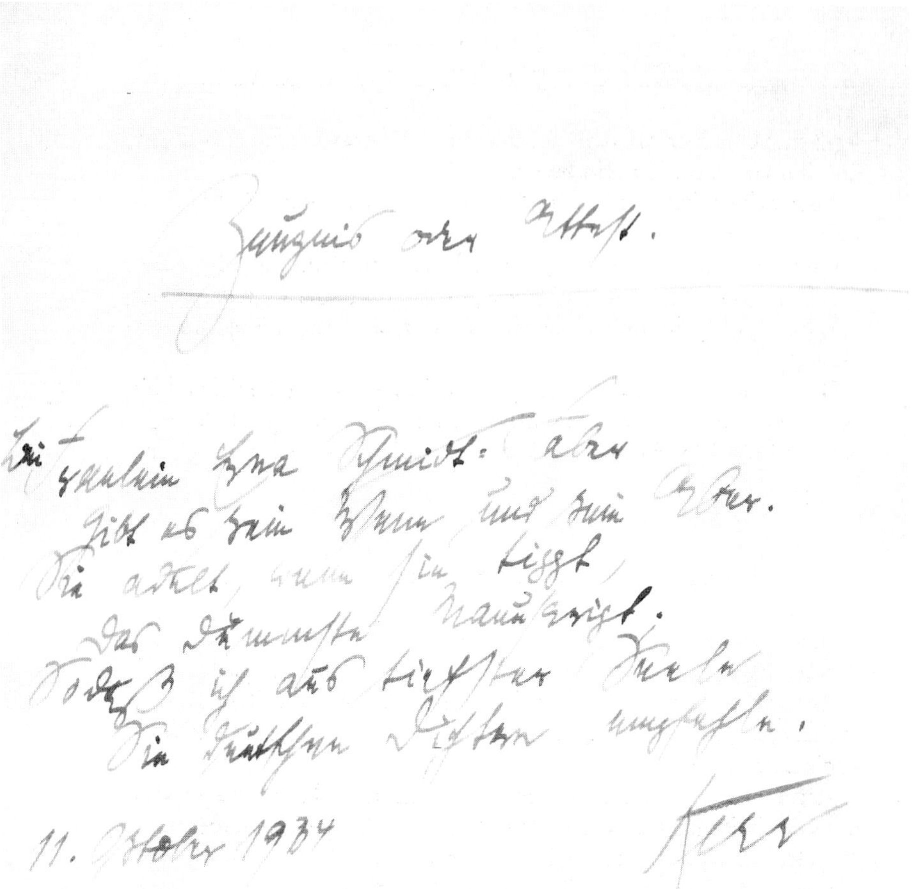

Zeugnis oder Attest.

Bei Fräulein Erna Schmidt-Faber
Gibt es kein Wenn und Aber.
Sie adelt, wenn sie tippt,
Das dümmste Manuskript.
Sodaß ich aus tiefster Seele
Sie deutschen Dichtern empfehle.

11. Oktober 1934 Kerr

Bei Fräulein Erna Schmidt-Faber
Gibt es kein Wenn und Aber.
Sie adelt, wenn sie tippt,
das dümmste Manuskript.
Sodaß ich aus tiefster Seele
Sie deutschen Dichtern empfehle.
11. Oktober 1934 *Kerr*

weiß nicht ... Der Mensch ist schwach ... So schwankten damals, in der Werdezeit, die Empfindungen.

Aber Schwanken hieß ja im Grunde doch Reichtum, Fülle, Auswahl — Glück.

Und das Liebste schien einem damals (alles in allem) die Mischung des Gegensätzlichen: — Schönheit aus der Tiefe, mit einem Klang von der Gasse. (Schönheit aus der Tiefe, mit einem Klang von der Gasse)...

Das war entweder eine Sehnsucht — oder ein Zwang. Gleichviel ob es in einer Form der Kritik auftrat oder in einer andren Dichtungsart. Und mittlerweile war man plötzlich achtzig — und reif für eine Feier.

VIII.

Bleibt die Frage: wie man privatim und allgemein mit achtzig empfindet...

Die Antwort sagt: „Nicht so sehr abweichend".

Nur: man hat logisch das Bewußtsein, sich zahlenmäßig einer Grenze zu nähern. (Vielleicht die Verpflichtung, dieses Bewußtsein zu haben.) Wie ist der Zustand im Kern? Ich will Ihnen offenherzig Einiges davon mitteilen.

Man ist etwas wurstiger als vorher. Man ist fester durchdrungen von der Gleichgiltigkeit und Unwichtigkeit vieler Dinge — je näher man sich der vorschriftsmäßigen Grenze weiß.

Man wird friedlich. Friedlicher in der Einstellung zu Gegnern. Man sagt sich manchmal: „Die sind ja (wie die hiesigen Erdbürger insgesamt) arme Luder, zum Sterben bestimmt, tu t'en iras, les pieds devant" ... An sowas dachte man vor achtzig nicht oft genug.

Friedlicher... Manchmal kommt allerdings der Rückfall. Bei bösartig notwendiger Gelegenheit möchte man manchmal der Gegenpartei dieses „Bald gehst du hin" nicht ungern etwas beschleunigen ... Aber es geschieht nicht mehr mit der alten Innigkeit und Frische.

XI.

Wir wollen die Wahrheit sagen — wozu ist man Schriftsteller? Und wozu wird man gefeiert, wenn man nicht zum Entgelt was springen läßt. Etwas Seelenkunde. Wenn man nicht mit achtzig Jahren was fürs allgemeine Beste tut: durch Vermehrung der Kenntnis von Menschen. Auch vom eignen Menschen.

Die Familie Kerr im Exil (um 1937)

Alfred, Judith und Julia Kerr (um 1945)

Folgende Merkmale achtzigjähriger Geschöpfe kommen da noch in Betracht.

Es zeigt sich die Drolligkeit erlebter Tatsachen in ihrer Einschätzung. In der Bemessung des Geschehenen. Man sah gewisse Dinge nicht mal vergrößert, sondern wie sie vielleicht sind — und dann, eines Tages, sind sie geschrumpft. Warum? Je näher man der infamen Grenze kommt. Solche Erfahrungen sind beinah spaßhaft. (Oder doch mehr nachdenklich als spaßhaft).

X.

Die Beispiele gehn sehr auseinander. Ich habe z. B. mal dem Bismarck, als ich hundsjung war, in Friedrichsruh die Hand geküßt. Wir waren von Hamburg 'rübergefahren. Sowas schien mir damals denkwürdig. Und heut? Ist das je gewesen? Hielt man es nicht für betonenswert?

Oder: noch Gleichgiltigeres. Ich traf mal, bei der Sarah Bernhardt, den Dichter Rostand (Cyrano). Wir zwei waren zunächst allein. Er teilte mir mit, daß er eine Übersetzung des „Faust“ plane. Er hatte auch schon fünf bis neun Zeilen fertig. Da trat die Sarah rasch ein, huldstrahlend, mit Berufszauber und fast männlichem Kraftwillen. (Rostand: zag und edel) ... Derlei war, auch im Gedenken, wenigstens ein Ulk. Aber wo ist der Ulk heut? Nein, nicht mal ein Ulk.

Oder: ich hatte mit Zola vormittags Gespräche, in seinem Monmartre-Haus. Ein Jahr vor seinem Tode ... Das war damals namenlos erschütternd. Damals. Wo ist es nun? Nirgends. Alles trägt mit achtzig den Stempel: „Und wenn!“ Denn die Grenze ist da. Alles Erlebte wird eingeebnet. Mit einem „Und wenn!“

Oder: ich stand mal allein an Ibsens Totenbett im Kristiania. Die Familie hatte dem Leichnam seinen schwarzen Rock angezogen. Die Totenwacht hielt einsam ein Neffe — ein evangelischer Theologie-Student. Ich konnte nicht atmen.

Pühh! Warum nur? Es war Ibsen, jawohl. Und wenn! Immer das Motto: und wenn!

Gewiß, es gab wichtige Gestalten, die man traf. Aber mit achtzig weiß man: es war viel wichtiger, die Unwichtigen zu treffen. (Glücklicherweise wußte man das zumteil schon vor achtzig).

Und jedenfalls haben Sie hier einige Züge des homo octogenarius — für Ihren späteren eignen Gebrauch.

XI.

Weiter. Man sieht mit achtzig in manchem Punkt klarer; man denkt unverhüllter; man beobachtet deutlicher — indem man rückblickend feststellt: das Ganze war eine höchst fragwürdige Geschichte. Aber nett.

Das Meiste, was ringsum geschah, war ein bischen schwindelhaft, ein bischen roh, ein bischen töricht — aber oft auch sehr liebreich ... Es waren halt Kinder.

Morgen sprengen diese Kinder vielleicht ihren Planeten ein bischen in die Luft. Aber irgend jemand wird immer noch übrig sein, der sagen kann, wie herrlich dieses Rätsel gewesen ist.

„Hoffentlich sprengen sie nicht).

XII.

Unter den Kindern, mit ihren Rempeleien und Rüpeleien, die sie Kämpfe nennen, sagte mal ein Überkind, Byron, Folgendes: „Sterben ist leicht ... leben ist viel schwerer".

Wirklich? Ich war ganz gern für das Schwerere.

Man sieht zwar, wie es eines Tages kommen wird:

Die Agonie ist nicht bequem,
Der Atem rasselt ungewohnt,
Der Hirnrest haucht trotzalledem:
Es... Hat... Gelohnt.

XIII.

Wovon sprach ich? ... Von Wells und seinem Standpunkt zu Geburtstagen. Von Shaws Vorliebe für die gehäufte Jahreszahl. Von manchem, was ich Dichterisches geliebt habe: Hiob, Marcel Legay, Ibsen. (Unter andrem). Von der Großen Stille; vom Ewig Weiblichen. Und von meiner Dankbarkeit für die Einbürgerung (nachdem ich aus Deutschland gewaltsam ausgebürgert war).

So lassen Sie mich zum Schluß ein Wort für uns Einwanderer aus Deutschland zufügen — in einem Zeitpunkt, wo so viel gesprochen wird von der Krise Englands. Warum justament Englands? Als hätte nur dieses Eiland eine Krise — und nicht die Welt! Es gibt heut wichtigere Fragen als das Schicksal eines Landes.

Vor etwa Jahresfrist schrieb ich hier: „Viele Deutsche denken noch an ihre Bombenzeit in London. Wir waren hier Kriegskameraden. Aber von alledem bleibt ja deutsche Musik, deutsche Waldheide, deutsches Erleben (bis 1933) unangetastet; unverringert; unvergessen. Und unvergeßbar … Muß das gesagt werden?"

Wir wissen um unser Verbundensein mit dieser hochstehenden Insel — und mit Deutschland.

WIR ERFUELLEN DIE TRAURIGE PFLICHT, UNSERN MITGLIEDERN UND FREUNDEN KENNTNIS ZU GEBEN, DASS AM DIENSTAG, DEM 12. OKTOBER 1948, UNSER

PRAESIDENT

ALFRED KERR

IM ALTER VON ACHTZIG JAHREN IN HAMBURG VERSCHIEDEN IST.

ER WAR NACH DEUTSCHLAND BERUFEN WORDEN, UM UEBER DEUTSCHES THEATER VON HEUTE ZU SCHREIBEN.

DIE ERFUELLUNG SEINES WUNSCHES, DEUTSCHLAND, WIEDERZUSEHEN, BRACHTE IHM DEN TOD.

LONDON, DEN 13. OKTOBER, 1948.

DER VORSTAND
DES
P.E.N. CLUB DEUTSCHER AUTOREN
IM AUSLAND.

VII. Anhang

Zeittafel zu Leben und Werk

1867 Am 25. Dezember als Sohn des Weinhändlers Emanuel Kempner in Breslau geboren

1874–1886 Schulzeit in Breslau; erste Zeitungsartikel; anschließend Studium der Philosophie und Germanistik

1887 Fortführung des Studiums in Berlin

1894 Promotion zum Dr. phil.; Italienreise

1895 Beginn der Tätigkeit als Theaterkritiker in Berlin

1898 Dissertation „Godwi — ein Kapitel deutscher Romantiker" erscheint

1900 Frankreichreise; Kerr wird Kritiker der Zeitung „Der Tag"

1903 Polemik „Herr Sudermann der D ... Di ... Dichter"

1904 Essayband „Schauspielkunst"; „Davidsbündler. Das neue Drama"

1905 Spanienreise

1909 Behördliche Genehmigung zum Führen des Namens Kerr

1912–1915 Herausgeber der Zeitschrift „Pan"

1917 erster Gedichtband „Die Harfe", Erste Reihe der „Gesammelten Schriften" bei S. Fischer erscheint mit 5 Bänden „Die Welt im Drama"; erste Ehe mit Inge Thormählen (gest. 23. 10. 1918)

1919–1933 Theaterkritiker am „Berliner Tageblatt"

1920 Zweite Ehe mit Julia Weißmann; Reisefeuilletons „Die Welt im Licht" (Zweite Reihe der „Gesammelten Schriften")

1921 „Der Krämerspiegel", Versallegorien auf zeitgenössische Musikverleger, kommt als Privatdruck heraus; Geburt des Sohnes Michael

1923 Reisebilder „New York und London"; Geburt der Tochter Judith

1924 „O Spanien!"

1925 „Yankee-Land"

1926 Gedichtband „Caprichos"

1927 Neuausgabe der „Gesammelten Schriften" zum 60. Geburtstag

1928 Almanach „Für Alfred Kerr. Zum 60. Geburtstag", herausgegeben von Joseph Chapiro; Prosaskizzen und Lyrik „Es sei wie es wolle, es war doch so schön!"

1929 Reiseprosa „Die Allgier trieb nach Algier ..."; politische Rundfunkvorträge

1930 „Spanische Rede vom deutschen Theater"

1932 „Was wird aus Deutschlands Theater?"

1933 Das Reisebuch „Eine Insel heißt Korsika ..." ist das letzte in Deutschland erscheinende Werk Kerrs. 15. Februar Flucht aus Berlin über Prag, Wien, Zürich nach Paris; 10. Mai Verbrennung seiner Bücher; 23. August Aberkennung der Staatsbürgerschaft; von nun an Mitarbeit an Exil-Zeitungen und -Zeitschriften sowie ausländischen Tageszeitungen („Figaro", „Daily Telegraph")

1934 „Die Diktatur des Hausknechts“
1935 „Walter Rathenau: Erinnerungen eines Freundes“
1936 Ab Januar nimmt Kerr mit seiner Familie Wohnsitz in London; politische Kommentare für die BBC; Aufrufe und Flugblätter
1938 Gedichtband „Melodien“; Gründungsmitglied des „Freien Deutschen Kulturbunds“
1939–1947 Präsident des Deutschen PEN Club London
1947 Mitarbeit für die „Neue Zeitung“ in München
1948 Ende September fliegt Kerr nach Hamburg, wo eine Vortragsreise durch verschiedene deutsche Städte beginnen sollte; Schlaganfall, Tod am 12. Oktober im British Military Hospital in Hamburg

Bibliographische Nachweise

6 Sehnsucht, in: Melodien, Paris 1938, S. 168

13 Lebenslauf, in: Joseph Chapiro (Hrsg.). Für Alfred Kerr. Ein Buch der Freundschaft, Berlin 1928, S. 159—181; hier abgedruckt: S. 161—181

35 Siebzig Jahre, Alfred Kerr-Archiv, Akademie der Künste Berlin

35 Achtzig Jahre, Alfred Kerr-Archiv

37 Einleitung zu den Gesammelten Schriften, in: Die Welt im Drama I, Berlin 1917, S. V—XXII

57 Die junge Theaterkritik, Nachlaß-Typoskript, Alfred Kerr-Archiv

63 Sudermann, in: Neue Deutsche Rundschau 7 (1896), S. 592—602; gekürzt

67 Aus Herr Sudermann, Der D... Di... Dichter, Berlin 1903, S. 7f.

67 Der Richter, in: Der Tag, 11. Dezember 1904

71 Caprichos, in: Pan 1 (1911), Nr. 17, S. 580f.

75 Thomas Bodenbruch, in: Caprichos, Berlin 1926, S. 168f.

78 Noske Wehrminister, in: Caprichos, Berlin 1926, S. 216

79 [Der Krieg], Nachlaß-Typoskript, Alfred Kerr-Archiv

81 [Schwindel ohne Leistung], Nachlaß-Typoskript, Alfred Kerr-Archiv

81 Damals, 1914—na!, Nachlaß-Typoskript, Alfred Kerr-Archiv

87 „Theater, Theater!", in: Die Harfe, Berlin 1927, S. 38—40

91 Kainz, in: Die Harfe, Berlin 1917, S. 37

91 [Im Reich der Sorma], in: Die Welt im Drama V, Berlin 1917, S. 411f.

92 Else Lehmann (Im Krieg), in: Die Welt im Drama V, Berlin 1917, S. 453f.

93 Moissi, in: Pan 3 (1913), S. 714

93 [Mit ihrem Kinderleib], in: Die Welt im Drama V, Berlin 1917, S. 67

95 [Ein Reiz für Blick und Ohr], in: Die Welt im Drama V, Berlin 1917, S. 458f.

95 [Bassermann ist Schauspielkunst], in: Die Welt im Drama V, Berlin 1917, S. 397

95 [Krauss ist vorwiegend], aus: „Vor Sonnenuntergang", in: Berliner Tageblatt (Abendausgabe), 17. Februar 1932

97 [„Marquis von Keith“] in: Heinz Ludwig (Hrsg.), Fritz Kortner. Mit einem Vorwort von Alfred Kerr, Berlin 1928, S. 9

97 Theater in Berlin, in: Die Neue Rundschau 19 (1908), S. 1521—1532; hier abgedruckt: S. 1521—1524

102 Brahm-Feier, in: Pan 3 (1912), S. 308—311

107 Jessner, in: Berliner Tageblatt (Abendausgabe), 5. April 1929

108 Arthur Schnitzler, in: Neue Deutsche Rundschau 7, (1896), S. 287—292; hier abgedruckt: S. 287

109 Ibsens Tod, in: Das literarische Echo 8 (1905/06), Sp. 1295—1298

113 Für Frank Wedekind, in: Die Aktion 1, (1911), Sp. 531 f.

115 Hauptmann wird entdeckt, Nachlaß-Typoskript, Alfred Kerr-Archiv

120 Kleines Theater „Nachtasyl“, in: Die Nation 20 (1902/03), S. 141 f.

124 „Frühlings Erwachen“, in: Der Tag, 23. November 1906

128 Gerhart Hauptmann: „Vor Sonnenaufgang“, in: Der Tag, 2. Dezember 1909

131 „Wilhelm Tell“, in: Berliner Tageblatt (Abendausgabe), 13. Dezember 1919

133 „Die Dreigroschenoper“, in: Berliner Tageblatt (Abendausgabe), 1. September 1928

137 Letztaufführung, in: Berliner Tageblatt (Abendausgabe), 12. April 1929

141 Testament eines Berliners, in: Caprichos, Berlin 1926, S. 98

141 Breslau im Kriege, in: Es sei wie es wolle, es war doch so schön! Berlin 1928, S. 165—167

143 Totensonntag, in: Es sei wie es wolle, es war doch so schön! Berlin 1928, S. 332—334

146 Akademische Bierhallen, in: Es sei wie es wolle, es war doch so schön! Berlin 1928, S. 335—337

149 Algier, in: Die Allgier trieb nach Algier..., Berlin 1929, S. 11—24

159 Die Diktatur des Hausknechts, in: Die Diktatur des Hausknechts, Brüssel 1934, S. 11—20

168 Der Hausknecht, in: Die Diktatur des Hausknechts, Brüssel 1934, S. 141 f.

169 Die wahrhaft Schuldigen, in: Melodien, Paris 1938, S. 11

171 JUDEN, in: Melodien, Paris 1938, S. 67—70
174 LEAFLETS, Nr. 2, Nr. 6, Nr. 7, Alfred Kerr-Archiv
175 DANK EINES ACHTZIGERS, Nachlaß-Typoskript, Alfred Kerr-Archiv

ABBILDUNGEN

Bildarchiv Preußischer Kulturbesitz (5); Berlinische Galerie (1); Deutsche Bibliothek Frankfurt/Main (1); Sammlung Unruh, Institut für Theaterwissenschaft, Freie Universität Berlin (9); Landesbildstelle Berlin (1); Deutsches Literaturarchiv (1); Prof. Dr. Bernd Sösemann, Berlin (1); Akademie der Künste der DDR, John Heartfield-Archiv (1); Henschelverlag Berlin (1); alle übrigen Abbildungen: Alfred Kerr-Archiv, Akademie der Künste, Berlin

ALFRED KERR
WERKE IN EINZELBÄNDEN
herausgegeben von
Hermann Haarmann (Berlin) und Günther Rühle (Frankfurt/Main)

Editionsplan und voraussichtliche Erscheinungsdaten

„ERLEBTES“ (enthält u. a. die Reisebücher „New York und London“, „O Spanien!“, „Yankeeland“, „Die Allgier trieb mich nach Algier“, „Eine Insel heißt Korsika“, „Ich kam nach England“), herausgegeben von Gert Mattenklott, Herbst 1988

„POETISCHES“ (enthält u. a. die Gedichtbände „Die Harfe“, „Der Krämerspiegel“, „Caprichos“, Gedichte an die Familie und Freunde, Erzählungen, Filmexposés und das Libretto „Der Chronoplan“), herausgegeben von Thomas Koebner, 1989

„ESSAYS ZU DRAMA, SCHAUSPIELKUNST, THEATER UND FILM“ (enthält u. a. „Russische Filmkunst“, „Was wird aus Deutschlands Theater?“, „Die neue Schauspielkunst“), herausgegeben von Günther Erken, 1990

„ESSAYS ZU LITERATUR, SCHRIFTSTELLERN UND ZEITGENOSSEN“ (enthält u. a. die Einleitung zu Heines „Romanzero“, Studien zu Brentano, Lessing, Hauptmann, Shaw, „Sudermann. Der D... Di...Dichter“, Streitschriften zu Jagow, Karl Kraus, Gutachten für Carl Einsteins „Die schlimme Botschaft“), herausgegeben von Hermann Haarmann, 1990

„THEATERKRITIKEN“ (Eine chronologische Theatergeschichte), herausgegeben von Günther Rühle, 1991

„POLITISCHES UND AUTOBIOGRAPHISCHES“ (enthält u. a. die politischen Artikel / Glossen aus „Der Tag“ und „Berliner Tageblatt“, „Rede vor der Preußischen Akademie der Künste“, Rundfunkvorträge für die Berliner Funkstunde, Aufsätze aus der Exilpresse 1933—1945, BBC-Reden und eine Auswahl aus den unveröffentlichten Briefen und Tagebüchern), herausgegeben von Hermann Haarmann, Klaus Siebenhaar und Bernd Sösemann, 1991